Ausgesuchte Rezepte

Inhaltsverzeichnis: Seite

AF139040

Flädle Suppe

<u>Zutaten für 4 Portionen</u>
1 Zwiebel
500 g Rinderbeinscheibe
Salz
Pfeffer
Muskat
1 Bund Suppengrün
½ Bund Petersilie
100 g Mehl
3 Eier
1/8 Ltr. Milch
2 EL Öl
1 Möhre

<u>Zubereitung</u>

- ∞ Zwiebel quer halbieren. Im Topf ca. 11 Minuten anbraten, herausnehmen. Fleisch waschen. Ca. 1 ½ Ltr. Wasser und Fleisch aufkochen. Salzen, ca. 2 Stunden köcheln.
- ∞ Suppengrün in Stücke schneiden. Mit Zwiebel nach 45 Minuten zum Fleisch geben.
- ∞ Petersilie hacken. Mehl. Eier und Milch glatt rühren. Mit Salz und Muskat würzen. Petersilie unterrühren. Öl portionsweise in einer Pfanne erhitzen. Aus dem Teig dünne Pfannkuchen backen, aufrollen.
- ∞ Brühe durchsieben. Möhre in dünne Scheiben schneiden, evtl. Sterne ausstechen. In Brühe ca. 10 Minuten kochen. Abschmecken.
- ∞ Fleisch würfeln, zufügen. Pfannkuchen in dünne Scheiben schneiden, in die Brühe geben.

Rinderkraftbrühe mit Griesnocken

<u>Zutaten für 4 Portionen</u>
40 g Butter
Salz, Muskat
1 Ei
50 g Hartweizengries
1 EL Schnittlauchröllchen
125 g Kochschinken in Scheiben
1 gelbe Paprikaschote
1 Ltr. Kräftige Fleischbrühe
Zimtstangen

<u>Zubereitung</u>

∞ Für die Griesnocken die Butter mit Salz und Muskat schaumig rühren. Das Ei den Gries und die Schnittlauchröllchen unterziehen und mindestens 20 Minuten quellen lassen. Etwa 2 Ltr. Salzwasser aufkochen. Mit zwei Teelöffeln Nocken aus der Griesmasse formen und in die kochende Flüssigkeit geben, dann die Hitze reduzieren und die Griesnocken noch etwa 15 bis 20 Minuten gar ziehen lassen.

∞ Inzwischen den Schinken in schmale Streifen schneiden. Die Paprika waschen, halbieren, entkernen und ebenfalls in schmale Streifen schneiden. Die Brühe mit einer Zimtstange aufkochen, vom Herd ziehen.

∞ Die Paprikastreifen hinein geben und ca. 3 Minuten ziehen lassen. Zimtstange entfernen. Die fertigen Griesnocken aus dem Salzwasser fischen und in die Brühe legen. Die Suppe in vier vorgewärmten Schalen anrichten und mit Zimtstangen dekorieren.

Maultaschen Suppe

<u>Zutaten für 4 Portionen</u>
4 Pak-Choy (chin. Senfkohl)
8 Lauchzwiebeln
4 Chilischoten
200 g Brokkoli
1,5 Ltr. Brühe
400 g Gemüse Maultaschen
Koriander
4 TL Olivenöl
Tabasco
4 TL Parmesan

<u>Zubereitung</u>

∞ Pak-Choy in Blätter zerlegen. Lauchzwiebeln in 2 cm lange Stücke schneiden. Chilischote entkernen, grob hacken. Mit Brokkoli in Brühe 10 Minuten garen.

∞ Gemüse Maultaschen mitkochen lassen. Koriander und Olivenöl unterziehen. Mit Tabasco abschmecken.

∞ Mit geriebenem Parmesan bestreuen.

Bayerischer Schweinebraten

<u>Zutaten für 6 Portionen</u>
1 200 g Schweineschulter
Pfeffer
Salz
5 TL süßen Senf
20 g Schweineschmalz
½ Ltr Wasser
20 g Butter
1 TL Kümmel
1 Knoblauchzehe
½ Ltr. Schwarzbier
2 TL Stärkemehl

<u>Zubereitung</u>

∞ Den Backofen auf 220 Grad vorheizen.
∞ Das Fleisch abspülen und mit einem Küchenpapier trocknen. Die Schwarte mit einem scharfen Kochmesser im Abstand von ca. 2 cm schräg einritzen.
∞ Das Fleisch mit Pfeffer und Salz würzen und mit 4 TL süßen Senf einreiben.
∞ Schweineschmalz in die tiefe Fettpfanne vom Ofen geben und im vorgeheizten Ofen bei 220 Grad auslassen. Das Fleisch mit der Schwarte nach unten in das heiße Schmalz legen.
∞ Wasser aufkochen, ca. ¼ Ltr. Davon über das Fleisch gießen und den Schweinebraten 15 Minuten auf der mittleren Schiene braten. Danach die Temperatur auf 180 Grad reduzieren und den Braten umdrehen. Den Schweinebraten ca. 1 Stunde weiter backen und dabei nach und nach 1/8 Ltr. Heißes Wasser angießen, um den

∞ Bratenfond vom Blech zu lösen. Den Schweinebraten dabei immer wieder mit Bratenfond begießen. Weiche Butter mit Kümmel und Knoblauch würzen.

∞ Nach der Stunde Backzeit den Schweinebraten wenden und die Schwarte mit der Butter einstreichen.

∞ Den Schweinebraten weitere 30 Minuten braten und dabei mit dem restlichen Wasser begießen. Danach die Fettpfanne auf der oberen Schiene (Oberhitze) in den Backofen schieben und den Schweinebraten ca. 20 Minuten braten. Dabei den Braten immer wieder mit Schwarzbier begießen. Etwas Schwarzbier zum Verrühren des Stärkemehls zurückbehalten.

∞ Für eine krosse Kruste kann man zum Schluss ca. 3-4 Minuten den Grill zuschalten.

∞ Den Bratenfond in einen kleinen Kochtopf umfüllen und aufkochen. Die Schwarzbiersauce mit Pfeffer, Salz und 1 Teelöffel Senf würzen.

∞ Stärkemehl mit dem restlichen Schwarzbier glatt verrühren und die Sauce damit binden. Den aufgefangenen Bratensaft aus der Alufolie zur Bratensauce gießen.

∞ Mit Blau- oder Sauerkraut und Knödel serviere.

Pizzaschnitzel mit Nudeln und Tomatensoße

Zutaten für 4 Portionen
8 Minutenschnitzel
3 Tomaten
1 Dose Champignons
Basilikum
Salz
Pfeffer
Reibekäse
1 Zwiebel

∞ Die Minutenschnitzel mit Salz und Pfeffer würzen und auf beiden Seiten anbraten. In der Zwischenzeit ein hohes Blech leicht ausfetten. Die angebratenen Schnitzel auf das Blech legen, mit Tomaten- uns Champignons Scheiben belegen, mit Salz, Pfeffer und Basilikum würzen.

∞ Etwas fein geriebenen Käse über die Schnitzelchen streuen und in den Ofen geben. Überbacken bei 200 Grad, ca. 15 Minuten. Nudeln nach Packungsanweisung bissfest kochen, dazu gibt es Tomatensoße, aus dem Glas.

Schweinefilet mit Pilzsoße

Zutaten für 4 Portionen
750 g Schweinefilet
200 g Vollkornreis
2 Zwiebeln
750 g Champignons
6 TL Öl
8 EL gehackte Petersilie
Prise Salz
Prise Pfeffer
8 EL Weißwein
8 EL Creme legere
4 EL passierte Tomaten

Zubereitung

∞ Vollkornreis weich kochen. Zwiebeln hacken. Champignons klein schneiden.

∞ In einer Pfanne Öl erhitzen. Zwiebeln darin braten. Pilze und Petersilie dazu geben, salzen, pfeffern und 5 Minuten braten.

∞ Weißwein, Creme legere und passierte Tomaten dazu geben. Soße ca. 4 Minuten köcheln.

∞ Schweinefilet in Scheiben schneiden, salzen und pfeffern. In einer beschichteten Pfanne 1 TL Öl erhitzen. Fleisch auf beiden Seiten braten. Reis zum Schweinefilet mit Pilzsoße essen.

Paprikaschnitzel

Zutaten für 4 Portionen
600 g Schweineschnitzel
4 EL Öl
Salz
Pfeffer
3 rote Paprika
4 gelbe Paprika
3 Knoblauchzehen
4 TL Paprikapulver
4 Tassen Instantbrühe
125 ml Kochsahne
Petersilie
600 g Pellkartoffeln

Zubereitung

∞ Schweineschnitzel salzen und pfeffern und mit Öl braten. Aus der Pfanne nehmen und warm halten.

∞ Geputzte Paprika in Streifen schneiden und in die Pfanne unter Rühren kräftig anbraten. Knoblauchzehe dazu pressen.

∞ Paprikapulver darüber streuen und gut umrühren. Tasse Instandbrühe angießen.

∞ Unter Öfteren Rühren zugedeckt ca. 6 Minuten sämig einkochen lassen. Kochsahne unterrühren, aufkochen lassen und abschmecken.

∞ Mit dem Schnitzel anrichten. Mit gewiegter Petersilie bestreuen. Dazu passen Pellkartoffeln.

Tomaten Gemüse zu Hacksteak

Zutaten für 4 Portionen
500 g Beefsteak-Hackfleisch
Salz
Pfeffer
4 TL Tomatenmark
4 EL Semmelbrösel
4 TL Öl
750 g jungen Lauch
750 g Tomaten
200 ml Brühe
100 g fettarmer Frischkäse

Zubereitung

∞ Beefsteak-Hackfleisch, Salz, Pfeffer, Tomatenmark und Semmelbrösel verkneten. Hacksteak formen und in Öl beschichteter Pfanne von beiden Seiten braun braten, warm stellen.

∞ Lauch putzen, in Ringe schneiden. Tomaten würfeln. Lauch im Bratfett anbraten, mit Brühe ablöschen, würzen und Frischkäse einrühren, Tomaten zugeben, kurz erhitzen.

∞ Backzeit ca. 20 Minuten

Schweinekoteletts mit Tomaten Confit

Zutaten für 4 Portionen
Für das Confit:
1 große Avocado
1 EL Zitronensaft
300 g Tomaten
1 eingelegte Sardelle
1 rote Chilischote
1 EL Öl
Meersalz
Für die Koteletts:
4 Schweinekoteletts
2 EL Kapern
75 g Grissini-Stangen
3 EL Mehl
2 Eier
Pfeffer
Butterschmalz

Zubereitung für das Confit:

∞ Avocado halbieren, entsteinen und die Hälften schälen. Das Fruchtfleisch in kleine Würfel schneiden und mit Zitronensaft beträufeln.

∞ Tomaten abspülen, vierteln, entkernen und dabei den Stielansatz herausschneiden. Das Fruchtfleisch in kleine

∞ Würfel schneiden. Sardelle und Chili abspülen und beides fein hacken. Alle vorbereiteten Zutaten und das Olivenöl verrühren und salzen.

Zubereitung für die Koteletts:

∞ Kapern gut trocken tupfen und fein hacken. Grissini fein hacken, mit den gehackten Kapern mischen und in einen tiefen Teller geben.

∞ Mehl in einen zweiten, verquirlte Eier in einen dritten tiefen Teller geben. Die Schweinekoteletts mit Salz und Pfeffer einreiben. Koteletts zunächst in Mehl wenden und das überschüssige Mehl abklopfen. Dann durch verquirltes Ei ziehen und abtropfen lassen. Koteletts schließlich in Grissini-Bröseln wenden und die Brösel leicht andrücken.

∞ Reichlich Butterschmalz in einer großen Pfanne erhitzen, es sollte etwa 1 cm hoch darin stehen. Koteletts in das heiße Fett legen und von jeder Seite etwa 5-6 Minuten bei mittlerer Hitze goldbraun ausbacken. Herausnehmen und auf Küchenkrepp kurz abtropfen lassen.

Sauerbraten

Zutaten für 4 Portionen
750 g Rindfleisch aus der Oberschale ohne Knochen

Marinade
2 Zwiebeln
1 Bund Suppengrün
5 Wacholderbeeren
15 Pfefferkörner
5 Pimentkörner
2 Gewürznelken
1 Lorbeerblatt

250 g Weißweinessig
375 ml Wasser

Außerdem
3 EL Speiseöl
Salz
Frisch gemahlenen Pfeffer
50 g Honigkuchen oder Pumpernickel
Etwas Zucker
Vorbereiten

∞ Rindfleisch mit Küchenpapier trocken tupfen.
∞ Für die Marinade Zwiebeln abziehen und in Scheiben schneiden. Suppengrün vorbereiten: Knollensellerie, Möhren putzen. Die drei Zutaten klein schneiden. Zwiebeln und Suppengrün mit Wacholderbeeren, Pfefferkörnern, Pimentkörnern, Nelken, Lorbeerblatt, Essig und Wasser in einer Schüssel versehen. Das Fleisch in die Marinade geben, mit einem Deckel zudecken und etwa 2 Tage im Kühlschrank stehen lassen, dabei das Fleisch ab und zu wenden.

Zubereitung

∞ Das Fleisch aus der Marinade nehmen und trocken tupfen. Die Marinade durch ein Sieb gießen, 375 ml davon abmessen und Marinade und Gemüse beiseite stellen.
∞ In einem Topf erhitzen. Das Fleisch von allen Seiten gut darin anbraten und mit Salz und Pfeffer würzen. Das abgetropfte Gemüse hinzufügen und kurz mitbraten. Etwas von der Marinade zu dem Fleisch gießen. Das Fleisch etwa 30 Minuten bei mittlerer Hitze mit Deckel schmoren, dabei von Zeit zu Zeit wenden und verdampfte Flüssigkeit nach und nach durch Marinade ersetzen.

∞ Honigkuchen fein zerkleinern, hinzugeben und weitere 1,5 Stunden schmoren.

∞ Das gare Fleisch etwa 10 Minuten zugedeckt ruhen lassen damit sich der Fleischsaft setzt. Das Fleisch dann in Scheiben schneiden, auf eine vorgewärmte Platte anrichten. Den Bratensatz mit dem Gemüse durch ein Sieb streichen, nochmals erhitzen, mit Salz, Pfeffer und Zucker abschmecken und als Soße zu dem Braten servieren.

Kabeljau mit Salami

Zutaten für 4 Portionen
4 Kabeljaufilets
8 Scheiben Salami
5 EL Olivenöl
500 g Strauchtomaten
3 Schalotten
1 Knoblauchzehe
1 TL Zucker
60 g schwarze Oliven
Salz
Pfeffer
2 EL Aceto balsamico

Zubereitung

∞ Backofen auf 120 Grad vorheizen
∞ Die Kabeljaufilets mit je 2 Salamischeiben umhüllen. In 2 EL Olivenöl von jeder Seite ca. 2 Minuten anbraten. Dann den Backofen auf der mittleren Schiene ca. 10 Minuten gar ziehen lassen.

∞ Die Tomaten waschen und vierteln. Schalotten und Knoblauch in Scheiben schneiden und in restlichem Olivenöl andünsten. Mit Zucker bestreuen und karamellisieren lassen. Oliven untermischen und mit Salz, Pfeffer und Essig abschmecken.

Saiblings Filet auf Safran Rahmkraut

Zutaten für 4 Portionen
2 Schalotten
2 EL Butter
600 g Sauerkraut
1 Döschen Safran
250 ml heiße Gemüsebrühe
200 ml halbtrockener Weißwein
Salz
weißer Pfeffer
Zucker
1 Lorbeerblatt
½ Zitrone
3 Zweige Thymian und Rosmarin

4 Saiblings Filets

200 g Creme fraiche

50 g Meerrettich

2 TL Zitronensaft

Zubereitung

∞ Schalotten schälen und fein würfeln. Butter in einem Topf erhitzen, Schalotten darin andünsten. Sauerkraut zugeben. Safran in der Brühe auflösen. Brühe und 100 ml Wein zum

Sauerkraut geben. Kraut mit Salz, Pfeffer, 1 TL Zucker und Lorbeer würzen. Zugedeckt bei schwacher Hitze etwa 40 Minuten schmoren lassen.

∞ Zitrone heiß abspülen, trockenreiben und in Scheiben schneiden. Mit übrigem Wein, Thymian, Salz und Pfeffer in eine große Pfanne geben. Zugedeckt aufkochen lassen und dann bei schwacher Hitze weitergaren.

∞ Saiblings Filets abspülen, kurz trockentupfen und im heißen Kräuter-Zitronen-Sud etwa 6-8 Minuten bei schwacher Hitze gar ziehen lassen.

∞ 75 g Creme fraiche, Salz und Pfeffer glatt verrühren. Meerrettich schälen und auf einer Küchenreibe fein reiben, sofort mit dem Zitronensaft mischen und unter die Creme fraiche rühren.

∞ Übrige Creme fraiche unter das Sauerkraut rühren. Sauerkraut noch mal mit Salz und Pfeffer abschmecken, auf Tellern anrichten.

∞ Saiblings Filets herausheben, abtropfen lassen und auf dem Sauerkraut anrichten. Meerrettich-Creme-fraiche darüber träufeln.

Lammlachse mit Rotweinsoße

<u>Zutaten für 4 Portionen</u>
4 Lammlachse
2 Schalotten
2 Möhren
4 EL Butter
¼ Ltr. Rotwein
¼ Ltr. Portwein
750 ml Rinderfond
4 Nelken

1 Lorbeerblatt
1 Zimtstange
10 schwarze Pfefferkörner
1 EL Mehl
Meersalz
Pfeffer
3 TL Himbeer Konfitüre
2 EL Öl

<u>Zubereitung</u>

- ∞ Die Schalotten und die Möhren schälen. Je 1 Möhre und Schalotte fein würfeln, die andere Möhre und Schalotte grob hacken.
- ∞ 1 EL Butter in einer Pfanne erhitzen, fein gewürfeltes Gemüse darin etwa 4 Minuten andünsten. Die Gemüsewürfel herausnehmen und beiseite stellen.
- ∞ 2 EL Butter in der Pfanne erhitzen und das grob gehackte Gemüse darin andünsten. Portwein dazu gießen und etwa 2 Minuten fast vollständig einkochen lassen. Rotwein und Fond dazu gießen.
- ∞ Nelken, Lorbeer, Zimtstange und Pfefferkörner ebenfalls dazugeben und alles etwa 10 Minuten bei starker Hitze einkochen lassen.
- ∞ Rotweinfond durch ein Sieb gießen und zurück in die Pfanne geben. Mehl und restliche Butter verkneten und unter ständigem Rühren in kleinen Flöckchen in die Soße geben. Soße etwa 10 Minuten bei kleiner Hitze kochen lassen. Das fein gewürfelte Gemüse zur Soße geben und mit Salz, Pfeffer und etwas Konfitüre abschmecken.
- ∞ Lammlachse mit Salz einreiben. Das Öl in einer Pfanne erhitzen und das Fleisch darin rundherum bei starker Hitze 10 Minuten braten.
- ∞ Herausnehmen, mit etwas Pfeffer würzen und auf einem vorgewärmten Teller mit Alufolie abgedeckt etwa 5 Minuten ruhen lassen. Den Fleischsaft, der sich auf dem Teller

sammelt, zur Soße gießen und erwärmen.
∞ Lammlachse in dickere Stücke schneiden und zusammen mit der heißen Soße servieren.

Rumsteaks mit Balsamico Sud

<u>Zutaten für 4 Portionen</u>
4 Rumsteaks
70 g Pecannusskerne
1 Zitrone
4 Zweige Rosmarin
1 EL Kreuzkümmel
1 TL Pfefferkörner
2 EL Butterschmalz
Meersalz
2 EL braunen Rohrzucker
200 g Balsamessig

<u>Zubereitung</u>
∞ Pecannusskerne fein hacken. Zitrone heiß abspülen, trocken tupfen und die Schale fein abreiben. Rosmarin abspülen, trocken tupfen und bis auf 2 Zweige, die Nadeln abstreifen und fein hacken.
∞ Kreuzkümmel in einer Pfanne ohne Fett anrösten, herausnehmen und in einen Mörser geben. Pfeffer zugeben und mit den Gewürzen zusammen zerstoßen. Gewürze, Pecannüsse, abgeriebene Zitronenschale und Rosmarin mischen.
∞ Butterschmalz in einer Pfanne erhitzen. Steaks mit Salz einreiben und bei starker Hitze 4-6 Minuten pro Seite braten. Steaks auf eine vorgewärmte Platte legen, mit

Alufolie abdecken, 6-8 Minuten ruhen lassen. Die Pfanne wieder auf den Herd stellen.

∞ Den Zucker hineinstreuen, restliche Rosmarinzweige dazugeben und kurz karamellisieren lassen. Balsamessig dazu gießen und alles etwa 2 Minuten sirupartig einkochen lassen. Die Rosmarinzweige herausnehmen und den Sud durch ein Sieb gießen.

∞ Den Fleischsaft, der sich auf dem Teller mit den Steaks gesammelt hat, in den Sud gießen und gut verrühren.

∞ Die Steaks mit den Nussstreuseln bestreuen und den Balsamsud darüber träufeln.

Kalbsleber mit Salbei und Zwiebelringen

Zutaten für 4 Portionen
750 g Kalbsleber
2 Zwiebeln
4 EL Butterschmalz
1 Bund Salbei
2 EL Mehl
Meersalz
Pfeffer

Zubereitung

∞ Zwiebeln abziehen und in dünne Ringe schneiden. 1 EL Butterschmalz in einer Pfanne erhitzen und die Zwiebelringe bei mittlerer Hitze darin goldbraun und knusprig etwa 10 Minuten braten. Zwiebelringe beiseite stellen.

∞ Salbeiblätter abspülen, trocken tupfen und in 1 EL Butterschmalz knusprig ausbacken. Herausnehmen, auf Küchenkrepp abtropfen lassen.

∞ Kalbsleber abspülen und trocken tupfen. Leber in Mehl wenden und überschüssiges Mehl gut abklopfen. Restliches Butterschmalz in einer Pfanne erhitzen, Kalbsleber darin bei starker Hitze 1-2 Minuten pro Seite goldbraun braten. Herausnehmen und mit Salz und Pfeffer würzen. Mit Zwiebelringen und gebratenen Salbeiblättern bestreuen.

∞ Die Kalbsleber sofort servieren.

Jakobsmuscheln mit Speck

Zutaten für 4 Portionen
2 große Steinpilze
20 g Butter
2 Thymianzweige
Meersalz
Pfeffer
Aceto balsamico
8 Jakobsmuscheln (ausgelöst)
1 EL Olivenöl
8 dünne Scheiben Speck

Zubereitung

∞ Die Pilze vorsichtig putzen und in Scheiben schneiden. Die Butter in einer Pfanne erhitzen und die Pilze darin mit den Thymianzweigen auf jeder Seite ca. 2 Minuten braten,

∞ Mit Salz und Pfeffer würzen, mit Essig abschmecken. Die Jakobsmuscheln waschen, trocken tupfen und in heißem Olivenöl von beiden Seiten je 1 Minute anbraten.

∞ Herausnehmen, jeweils 1 Scheibe Speck umwickeln und nochmals kurz braten, bis der Speck schmilzt.

∞ Auf den Pilzen anrichten.

Grießauflauf mit Obst

Zutaten für 4 Portionen
500 g Mirabellen
500 ml Milch
Salz
125 g Weichweizengrieß
1 Beutel Puddingpulver Vanille
4 EL kalte Milch
75 g Butter
60 g Zucker
1 Pck. Vanillezucker
1 Vanilleschote
3 Eier
1 Pck. Backpulver
Fett für die Form

Zubereitung

∞ Die Mirabellen abgießen, dabei die Flüssigkeit auffangen. 500 ml Milch mit dem Saft aufkochen. Das Salz zufügen und den Grieß einrühren. Von der Kochstelle nehmen und ca. 10 Minuten ausquellen lassen.

∞ Zwischenzeitlich die Butter mit Zucker und Vanillezucker schaumig rühren.

∞ Nach und nach die Eier, das Backpulver und den inzwischen etwas abgekühlten und gequollenen Grießbrei unterheben. Das Puddingpulver mit 4 EL Milch anrühren und ebenfalls in die Masse einarbeiten.

∞ Nun die Masse in eine gefettete Auflaufform füllen, das Obst darauf verteilen und etwas in die Masse eindrücken. Den Deckel auf die Auflaufform und in den kalten Backofen schieben.

∞ Bei 200 Grad ober- und Unterhitze etwa 45 Minuten backen.

Mexikanischer Kartoffel Eintopf

Zutaten für 4 Portionen
1 kg festkochende Kartoffeln
3 Knoblauchzehen
3 Zwiebeln
500 g Beefsteak-Hackfleisch
Salz
Pfeffer
geschroteter Chili
1,5 Ltr. Gemüsebrühe
600 g stückige Tomaten
3 EL Gemüsemais
3 rote Paprikaschoten

Zubereitung

Kartoffeln schälen, in ca. 2 cm große Würfel schneiden. Knoblauchzehen schälen und hacken, Zwiebeln schälen, fein würfeln.

∞ Zusammen mit Beefsteak-Hackfleisch unter Wenden krümelig braten. Mit Salz, Pfeffer und geschrotetem Chili würzen.

∞ Kartoffelwürfel zugeben und alles mit Gemüsebrühe auffüllen. Ca. 3 Minuten köcheln lassen.

∞ Stückige Tomaten, Gemüsemais und Paprikaschote in Streifen zugeben.

∞ Alles weitere ca. 8 Minuten bei offenem Deckel köcheln lassen, vor dem Servieren mit Chili kräftig abschmecken.

Auflauf mit Blumenkohl, Makkaroni und Schinken

Zutaten für 4 Portionen
1 Blumenkohl
200 g Nudeln, Makkaroni
300 g gekochter Schinken
40 g Butter
30 g Mehl
400 ml Milch
200 g Schmelzkäse
Salz
Pfeffer
Muskat

Zubereitung

∞ Den geputzten und geviertelten Blumenkohl im kochenden Salzwasser ca. 6 Minuten blanchieren. Danach mit Eiswasser abschmecken, gut abtropfen lassen. Den Strunk grob rausschneiden und in Röschen teilen.

∞ Makkaroni ca. 5 Minuten vorkochen, danach abtropfen lassen.

∞ Den Schinken in große Würfel schneiden.

∞ In eine gefettete Auflaufform Blumenkohl, Makkaroni und Schinken geben und miteinander vermischen bzw. schichten.

∞ Aus Butter und Mehl eine helle Mehlschwitze herstellen, mit Milch ablöschen. Darin den Käse schmelzen lassen.

∞ Die Sauce mit Salz, Pfeffer und Muskat abschmecken und über die Auflaufform verteilen.

∞ Im vorgeheizten Backofen bei 220 Grad ca. 20 Minuten fertig garen.

Filetsteak in Rotweinsoße

Zutaten für 4 Portionen
2 rote Zwiebeln
1 TL gemischte Pfefferkörner
800 g Rinderfilet
2 EL Öl
150 ml Chianti
60 g Butter
1 Rosmarinzweig
400 ml Rinderfond
2TL grüne Pfefferkörner
Salz

Zubereitung

∞ Zwiebeln in Spalten schneiden. Pfefferkörner im Mörser grob zerstoßen.

∞ Den Backofen auf 120 Grad vorheizen.

- ∞ Fleisch in vier Scheiben schneiden und in heißem Öl von jeder Seite ca. 2 Minuten anbraten.
- ∞ In einer ofenfesten Form ca. 15 Minuten im Ofen gar ziehen lassen. Salzen, warm halten.
- ∞ Zwiebelspalten im Bratensatz kurz anbraten. Mit Wein ablöschen, Rosmarin und Pfeffer zugeben. Fond angießen und die Soße 10 Minuten einköcheln lassen.
- ∞ Durch ein Sieb streichen, kalte Butter und grüne Pfefferkörner unterrühren.

Krustenbraten mit Orangen Sellerie

Zutaten für 6 Portionen
1,3 kg Schweinekrustenbraten
½ Knolle Sellerie
3 Zwiebeln
Salz
Pfeffer
1 Stück Ingwer
2 Knoblauchzehen
2 Stiele Zitronengras
3 Gewürznelken
1 Lorbeerblatt
2 Pimentkörner
Für den Orangensellerie:
750 g Knolle Sellerie
1 Schalotte
3 EL Butter
4 Orangen
100 ml Sahne
Gemahlenen Piment

∞ Ofen auf 180 Grad Umluft vorheizen. ¼ Knolle Sellerie schälen und würfeln. Zwiebeln schälen, in Spalten schneiden.

∞ Fleisch mit Salz und Pfeffer einreiben. Ingwer und Knoblauch schälen und fein würfeln. Zitronengras in dünne Ringe schneiden. Gewürznelken, Ingwer, Knoblauch, Zitronengras, Lorbeer und Pimentkörner in einem Mörser fein zerstoßen.

∞ Fleisch mit der Würzmischung einreiben. Mit der Schwarte nach oben in einen offenen Bräter legen. Sellerie und Zwiebeln zufügen. Braten im Ofen auf mittlere Schiene ca. 80 Minuten garen. Nach und nach ca. ½ l heißes Wasser angießen. Fleisch gelegentlich mit Bratfond übergießen.

∞ ¾ Knolle Sellerie schälen und feine Streifen schneiden. Schalotte schälen, sehr fein würfeln. Beides in der Butter andünsten. Mit Salz, Pfeffer und dem Saft von 2 Zitronen abschmecken.

∞ Die Sahne angießen, Sellerie bei schwacher Hitze ca. 12 Minuten zugedeckt dünsten. Übrige Orangen dick schälen, sodass die weiße Haut mit entfernt wird.

∞ Fleisch aus dem Bräter nehmen, Bratenfond durch ein feines Sieb streichen und kräftig einkochen. Mit Salz und Pfeffer abschmecken.

∞ Orangenfilets unter den Sellerie mischen, mit Salz, Pfeffer und Piment abschmecken. Fleisch aufschneiden, mit Gemüse und Soße anrichten.

Cola Braten

Zutaten für 6 Portionen
1 kg Rinderbraten
3 Möhren gewürfelt

1 rote Zwiebel
1 Sellerie
½ Apfel
1 Bund Petersilie
10 bunte Pfefferkörner
1 Lorbeerblatt
150 ml Apfelessig
300 ml Cola
Salz
Pfeffer

Zubereitung

∞ Den Braten waschen und gut trocken tupfen. Anschließend
mit Salz und Pfeffer einreiben. Möhren, Zwiebeln, Sellerie
und Apfel klein würfeln. Petersilie hacken. Fleisch in eine
große Tupperbox geben und das klein geschnippelte dazu.
∞ In die Box kommen zusätzlich Pfefferkörner, Lorbeerblatt,
der Essig und die Cola. Box gut verschließen und das
Ganze für ca. 30 Stunden im Kühlschrank schön
durchziehen lassen.
∞ Am Tag des Kochens die Box aus dem Kühlschrank
nehmen. Ofen auf 180 Grad vorheizen. Das gebeizte
Fleisch aus der Box nehmen und in einen bereits heißen
Bräter mit Olivenöl geben. Das Fleisch von allen Seiten
stark anbraten.
∞ Nachdem das Fleisch von allen Seiten heiß angebraten
wurde, kann nun das Gemüse aus der Box mit in den
Bräter. Nach und nach den Sud mit hinzugeben und über
das Fleisch gießen. Auf dem Herd für ca. 15 Minuten vor
sich hin garen lassen.
∞ Anschließend wird der geschlossene Bräter für ca. 1,5 Std
in den Ofen gestellt.
∞ Am Ende kann die Soße noch mit gesiebtem Mehl
gebunden werden.

Elsässischer Flammkuchen

Zutaten für 4 Portionen
600 g Dinkelmehl
500 g Dreizweibelquark
Öl
Muskat
Pfeffer
Salz
5 g Hefe
1 Becher Milram Sour Cream
350 g roher Schinken oder Schinkenspeck
4 rote Zwiebeln
300 g geriebenen Milram Sylter Käse 48 % Fett

Zubereitung

∞ Mehl, Hefe und eine Prise Salz in einer großen Schüssel miteinander vermischen und in der Mitte eine Mulde formen. Wasser und Öl in die Mulde gießen. Mit dem Knethaken einen glatten Teig kneten, eventuell etwas Mehl hinzufügen.

∞ Den Teig auf einem mit Backpapier ausgelegten Backblech hauchdünn ausrollen. Sour Cream mit dem Quark verrühren und damit gleichmäßig den Teig bestreichen. Die Zwiebeln schälen und in dünne Ringe schneiden.

∞ Den Käse reiben. Mit dem gewürfelten Speck und den Zwiebeln den bestrichenen Hefeteig belegen danach gleichmäßig den geriebenen Käse verteilen. Mit Muskat, Pfeffer und Salz abschmecken.

∞ Im vorgeheizten Backofen bei 220 Grad ca. 10-15 Minuten goldbraun backen.

Schweinemedaillons mit Herzogin Kartoffeln

Zutaten für 4 Portionen
800 g Kartoffeln
Salz, Pfeffer
5 Eigelb
7 EL Milch
Muskat
100 g Macadamianusskerne
8 Stiele Thymian
4 EL Paniermehl
50 g Butter
750 g Schweinefilet
12 Scheiben Frühstücksspeck
2 EL Öl
150 g Schlagsahne
100 ml Gemüsebrühe
2 EL eingelegter grüner Pfeffer
Öl für das Blech
Backpapier

Zubereitung

∞ Kartoffeln in Salzwasser ca. 20 Minuten kochen. Kartoffeln abgießen, abdampfen lassen und durch eine Kartoffelpresse drücken.

∞ 4 Eigelb und 5 EL Milch unterrühren. Mit dem Salz und Muskat abschmecken.

∞ In einem Spritzbeutel mit großer Sterntülle füllen und ca. 16 Herzogin-Kartoffeln auf ein mit Backpapier belegtes Blech spritzen.

∞ 1 Eigelb und 2 EL Milch verquirlen. Kartoffeln damit bestreichen. Kühl stellen.

∞ Hälfte der Nüsse mahlen, Rest grob hacken. Thymian hacken. Alles mit Paniermehl und weicher Butter verkneten und würzen.

∞ Fleisch in 12 Medaillons schneiden. Medaillons mit je 1 Scheibe Speck umwickeln, salzen. Im Öl ca. 7 Minuten braten. Kartoffeln bei 200 Grad 20 Minuten backen. Nusskruste auf den Medaillons verteilen, diese auf ein geöltes Backblech legen. Für die letzten 7 Minuten mit in den Ofen schieben.

∞ Sahne und Brühe in der Fleischpfanne aufkochen und Bratsatz lösen. Mit grünem Pfeffer und Salz abschmecken. Fleisch und Kartoffeln mit der Soße abschmecken.

Pasta Bolognese

Zutaten für 4 Portionen
3 Knoblauchzehen
4 TL Olivenöl
800 g Tatar
2 TL Kräuter der Provence
Salz
Pfeffer
1,2 kg Fleischtomaten
600 ml Brühe
250 g Vollkorn Nudeln

Zubereitung

∞ Knoblauchzehe schälen, fein würfeln, in Olivenöl andünsten. Tatar darin unter Wenden krümelig braten. Kräuter der Provence, Salz und Pfeffer zugeben.

∞ Fleischtomaten putzen, würfeln und zugeben. Mit Brühe auffüllen, würzen und ca. 10 Minuten köcheln lassen.

∞ Vollkorn Nudeln in Salzwasser bissfest garen.
∞ Hälfte der Soße beiseite stellen, abkühlen lassen und zugedeckt für das Mittagessen am zweiten Tag kalt stellen.
∞ Übrige Soße abschmecken.
∞ Nudeln abgießen und mit der Soße und frischem Basilikum anrichten.

Bunte Rindfleischpfanne

Zutaten für 4 Portionen
500 g Rosenkohl
Salz
Pfeffer
Muskatnuss gerieben
250 g Kirschtomaten
2 Zwiebeln
500 g Rindfleisch aus der Hüfte
2 EL Öl

Zubereitung
∞ Rosenkohl in kochendem Salzwasser in 6 Minuten garen. Herausnehmen und abtropfen lassen.
∞ Tomaten waschen, putzen, halbieren. Zwiebeln klein würfeln. Fleisch abbrausen, trockentupfen, in feine Streifen schneiden.
∞ Öl erhitzen. Fleisch darin anbraten. Mit Salz und Pfeffer würzen, herausnehmen und zugedeckt beiseite stellen.
∞ Zwiebeln im Bratfett andünsten. Tomaten und Rosenkohl zugeben, mitdünsten. Mit Salz, Pfeffer und Muskat würzen. Fleisch zugeben, heiß werden lassen und servieren.

Rindergeschnetzeltes

Zutaten für 4 Portionen
1 kg mageres Rindfleisch
500 g Champignons
2 Zwiebeln
2 Knoblauchzehen
200 g Zuckerschoten
2 St. Lauch
2 Tomaten
½ Ltr. Sahne
1TL Sojasauce
Gemüsebrühe Pulver
Salz
Pfeffer
Öl

Zubereitung

∞ Das magere Rindfleisch in Streifen schneiden. Danach in einer Pfanne mit etwas Öl scharf anbraten. Das gebratene Fleisch auf einen Teller geben.

∞ In der Pfanne mit dem Bratensatz die kleingeschnittenen Champignons anbraten. Die Zwiebeln schneiden und zu den Champignons geben. Zum Schluss noch den kleingehackten Knoblauch, die in Ringe geschnittenen Lauchstangen und die halbierten Zuckerschoten mitanbraten.

∞ Das gebratene Fleisch zu den anderen Zutaten geben und durchrühren. Die Tomaten klein schneiden und in die Pfanne geben. Anschließend mit Sahne ablöschen.

∞ Mit einem Teelöffel Sojasauce, etwas Gemüsebrühe-Pulver, Salz und Pfeffer das Gericht würzen. Das ganze ein wenig einkochen lassen

Rindfleischrollen

<u>Zutaten für 8 Portionen</u>
2 Scheiben Rinderschulter a 750 g
4 Putenkäseknackerwürstchen
12 Scheiben Wammerl geräuchert oder Bauchfleisch
250 g Kalbsbrät
360 g Glas Paprikaschoten gebraten
Salz
Pfeffer
2 EL Senf
1 EL Paprikamark
1 Stange Lauch gewürfelt
2 Karotten gewürfelt
¼ Sellerieknolle gewürfelt
1 Zwiebel gewürfelt
2 Knoblauchzehen gehackt
250 ml trockenem Rotwein
850 ml Gemüsebrühe
125 ml Cremefine zum Kochen
1 EL Butterschmalz

<u>Zubereitung</u>

∞ Die Rindfleischscheiben in Schmetterlingsform schneiden, so9 dass man die Scheiben ausrollen kann. Klopfen, salzen und pfeffern und jede Fleischhälfte mit je 1 EL Senf bestreichen. Den Backofen auf 200 Grad vorheizen.

∞ Auf den Senf dann je Fleischfläche 125 g Kalbsbrät streichen.

∞ Auf das Kalbsbrät nun die gebratenen Paprikaschoten flach draufpressen.

∞ Auf die Paprikaschoten pro Fleischfläche dann die Putenkäseknackerwürstchen je 2 Stück, die mit dem

∞ geräucherten Bauchfleisch umwickelt wurden, drauflegen.
∞ Das ganze aufrollen, mit einem Spieß die Naht fixieren, oder mit einem Bindfaden zusammenbinden.
∞ In einem geeigneten Bräter mit einem EL Butterschmalz die Fleischrollen erst auf der Nahtseite scharf anbraten, wenden und auf der anderen Seite ebenfalls anbraten. Die Hitze auf die Hälfte reduzieren.
∞ Die Fleischrollen herausnehmen und das Paprikamark kurz mit anbraten, den Bratensatz mit dem Rotwein ablöschen. Etwas ein reduzieren lassen, die Zwiebel, die Karotten, den Sellerie, den Lauch und die Knoblauchzehen hinzufügen. Die Fleischröllchen wieder hineinsetzen, mit der Hälfte der Gemüsebrühe aufgießen und das Ganze in das auf 200 Grad vorgeheizte Backrohr auf die Mittelschiene setzen. Dabei immer wieder mit der Sauce die Fleischröllchen übergießen.
∞ Garzeit ca. 90 Minuten. Nach 45 Minuten die restliche Gemüsebrühe hinzufügen.
∞ Die Rindfleischrollen herausnehmen, die Spieße herausziehen, die Rollen in Scheiben schneiden und warmstellen. Die Sauce mitsamt dem Gemüse pürieren, die Sahne dazugeben und gegebenfalls noch einmal abschmecken.
∞ Das Fleisch auf einer Platte anrichten und die Sauce in einer Sauciere servieren. Dazu eignet sich alle Nudelarten, oder Knödel mit Rotkohl.

Roastbeef mit geröstetem Kürbis

Zutaten für 4 Portionen
Für den Kürbis:
1 kg Hokkaido Kürbis
5 EL Öl
Salz

Pfeffer
5 EL brauner Zucker

<u>Für den Dip:</u>
1 Bund Koriander
1 Bund Schnittlauch
200 g Mascarpone
250 g Vollmilchjogurt
Etwas Limettensaft
600 g Roastbeef fertig gebraten)

<u>Zubereitung</u>

∞ Den Backofen auf 180 Grad Umluft vorheizen.

Für den Kürbis:

∞ Den Hokkaido putzen, abspülen, entkernen und das Fruchtfleisch in etwa 1,5 cm dicke Spalten schneiden.
∞ Kürbis auf ein mit Backpapier ausgelegtes Backblech legen und mit Öl, Salz, Zucker und Pfeffer bestreuen.
∞ Kürbis in den vorgeheizten Ofen schieben und 15 Minuten backen, bis die Spalten knapp gar sind.

Für den Dip:

∞ Koriander und Schnittlauch abspülen, trocken tupfen und kleiner schneiden. Mit Mascarpone und Jogurt verrühren und mit Salz, Pfeffer und Limettensaft abschmecken.
∞ Kürbis aus dem Ofen nehmen und zusammen mit dem Roastbeef und dem Kräuterdip anrichten. Mit Pfeffer bestreuen und servieren.

Kalbsbraten

Zutaten für 6 Portionen
1,5 kg Kalbsbraten
Pfeffer
Salz
3 EL Öl
2 Zwiebeln
1/8 Ltr. Weißwein
Knoblauch
1 EL Tomatenmark
40 g Lauch
40 g Möhren
40 g Sellerie
4 Thymianzweige
1 Lorbeerblatt
¼ Ltr. Kalbsfond
800 g Champignons
180 g Creme fraiche
2 TL Stärkemehl
80 g Lauchzwiebeln

Zubereitung

∞ Kalbsbraten mit Pfeffer und Salz würzen. In einem Bräter Öl erhitzen. Kalbsbraten ringsum scharf anbraten. Fleisch herausnehmen, in Alufolie wickeln und beiseite stellen.
∞ Ofen auf 200 Grad vorheizen.
∞ Zwiebeln grob würfeln, Knoblauch halbieren und im Bratenfett anbraten. Mit Weißwein ablöschen. Tomatenmark einrühren und kurz aufkochen.
∞ Lauch, Möhren und Sellerie putzen, in grobe Würfel schneiden und in den Bräter geben.

∞ Thymianzweige und Lorbeerblatt zufügen.
∞ Kalbsbraten aus der Alufolie nehmen und auf das Gemüse legen. Aufgefangenen Bratensaft aus der Folie und Kalbsfond über das Fleisch gießen. Einen Deckel auflegen und Bräter im vorgeheizten Ofen bei 200 Grad ca. 1 Stunde auf der mittleren Schiene garen.
∞ Nach der Hälfte der Zeit Deckel abnehmen. Kalbsbraten wenden und öfters mit Bratensauce begießen. Nach 1 Stunde Kalbsbraten aus dem Ofen nehmen, in Alufolie wickeln und beiseite stellen.
∞ Braune Champignons putzen und in die Sauce geben. Deckel auflegen und 15 Minuten im Ofen garen. Mit Pfeffer und Salz würzen. Creme fraiche unterrühren.
∞ Mit kalt angerührtem Stärkemehl binden. Das Grün der Lauchzwiebeln in feine Ringe schneiden und unter die Sauce rühren. Kurz aufkochen lassen.
∞ Kalbsbraten in Scheiben schneiden und mit der Sauce servieren.

Schnitzelpfanne mit Kartoffelpüree

Zutaten für 4 Portionen
750 ml fettarme Milch
20 g Butter
Salz
Pfeffer
Muskatnuss
10 kleine Schnitzel
2 Zwiebeln
1 gelbe Paprika
1 grüne Paprika
1 rote Paprika

3 TL ital. Kräutermischung
2 EL Speiseöl
100 g Creme fraiche
6 TL Tomatenmark
2 EL Soßen Binder
40 g Grana Padano
1 EL Paniermehl
500 ml Wasser

<u>Zubereitung</u>

- ∞ Kartoffelpüree nach Packungsanleitung mit der Milch zubereiten. Butter zugeben, mit Salz und Muskatnuss abschmecken.
- ∞ Zwiebeln würfeln. Paprikaschoten waschen, Gehäuse entkernen und in Streifen schneiden. Schnitzel salzen, pfeffern und im Öl anbraten. Herausnehmen und auf einen Teller geben. Zwiebeln und Paprikaschoten im Bratenfond anbraten, Tomatenmark dazugeben und anschwitzen.
- ∞ Mit Wasser ablöschen. Die italienische Kräutermischung dazugeben, Creme fraiche mit einrühren und mit Soßenbinder andicken. Die Soße nochmals abschmecken.
- ∞ Backofen auf 200 Grad vorheizen. Soße in eine Auflaufform geben, Schnitzel hineingeben. Püree auf den Schnitzeln verteilen.
- ∞ Grana Padano mit Paniermehl mischen und darüber streuen. In den Backofen geben und ca. 25 Minuten backen. Dazu gibt es gemischten Salat.

Schweineschnitzel mit Gemüse

Zutaten für 12 Portionen
3 Zwiebeln
2 Knoblauchzehen
750 g Porree
500 g Möhren
300 g Staudensellerie
1 kg Champignons
2 EL Olivenöl
1 TL Thymian
Salz

Schnitzel:
12 Schweineschnitzel
4 EL Olivenöl
Frischer Pfeffer
750 g Schlagsahne
4 EL Fleischbrühe
Paprikapulver
250 g Schmand

Zubereitung Gemüse

∞ Zwiebeln abziehen, halbieren und in Streifen schneiden. Knoblauch abziehen und in Scheiben schneiden. Porree waschen und in breite Streifen schneiden. Möhren schälen, Staudensellerie putzen. Das Gemüse jeweils in etwa ½ cm dicke Scheiben schneiden. Champignons putzen und je nach Größe halbieren oder vierteln.

∞ Olivenöl in einem Topf erhitzen, Zwiebeln und Knoblauch darin andünsten. Porree, Möhren, Sellerie, Champignons und Thymian hinzufügen und zugedeckt etwa 15 Minuten

- ∞ dünsten. Gelegentlich umrühren. Mit Salz abschmecken.
- ∞ Backofen vorheizen. Ober- und Unterhitze bei 200 Grad.

Zubereitung Schnitzel

- ∞ Schnitzel trocken tupfen. Olivenöl in einer großen Pfanne erhitzen. Die Schnitzel darin portionsweise von beiden Seiten anbraten, mit Salz und Pfeffer würzen und aus der Pfanne nehmen. Nach dem Braten etwas von der Sahne und der Brühe in die Pfanne einrühren und den Bratensatz loskochen. Übrige Sahne unterrühren, mit Salz, Pfeffer und Paprika abschmecken.
- ∞ Die Schnitzel in eine große, flache Fettpfanne legen. Gemüse und Sahnemischung verrühren und über die Schnitzel gießen. Fettpfanne auf dem Rost für 20 Minuten in den Backofen schieben.
- ∞ Selleriegrün in Streifen schneiden. Die Soße evtl. Noch einmal abschmecken. Schmand in Klecksen auf die Soße setzen und mit Sellerie bestreut servieren.

Schnitzel Bielefelder Art mit Kräuter Kartoffeln

Zutaten für 4 Portionen

Kräuter Kartoffeln:
800 g kleine Kartoffeln
Salz
250 g Kirschtomaten
2 Frühlingszwiebeln
125 g Creme fraiche

Schnitzel:
8 dünne Schweineschnitzel a 60 g
Salz

Frischer Pfeffer
75 g Weizenmehl
2 Eier

300 g Knusper Flaks

Außerdem:
100 geräucherter Schinken
Etwa 75 ml Speiseöl

Zubereitung Kräuter Kartoffeln

∞ Kartoffeln schälen, abspülen, quer halbieren und in Salzwasser in etwa 20 Minuten gar kochen. Tomaten waschen und halbieren. Frühlingszwiebeln waschen und in Ringe schneiden. Kartoffeln abgießen, mit Tomaten, Frühlingszwiebeln und Creme fraiche vermischen.
∞ Schinken in feine Streifen schneiden. 1 EL Öl in einer Pfanne erhitzen und Schinkenstreifen darin knusprig braten. Auch Küchenpapier abtropfen lassen.

Zubereitung Schnitzel

∞ Schnitzel trocken tupfen, dann von beiden Seiten salzen und pfeffern. Mehl auf einen flachen Teller geben. Die Eier mit einer Gabel in einem tiefen Teller verschlagen. Die Knusper Flakes in einen Gefrierbeutel geben, mit einem Teigroller zerkleinern und ebenfalls auf einen flachen Teller geben. Die Schnitzel zunächst in Mehl, dann im Ei und zuletzt in den Knusper Flakes wenden und gut andrücken.
∞ Übriges Öl in einer Pfanne erhitzen und die Schnitzel von jeder Seite 3-4 Minuten bei mittlerer Hitze braten. Die Schnitzel mit dem knusprigen Schinken bestreuen und mit den Kartoffeln servieren.

Kasseler auf Rahmsauerkraut

Zutaten für 3 Portionen
1 Zwiebel
1 rote Paprikaschote
3 EL Speiseöl
1 Dose Sauerkraut
4 EL Gemüsebrühe
1 Creme fraiche
Zucker
Salz
Paprikapulver
Frischer Pfeffer
3 Scheiben Kasseler Nacken ohne Knochen
2 EL gehackte Petersilie

Zubereitung

∞ Zwiebel abziehen, Paprika putzen, beides in Würfel schneiden.
∞ 1 EL Öl in einem Topf erhitzen. Zwiebel- und Paprikawürfel darin dünsten. Sauerkraut locker zupfen und Brühe in den Topf geben. Sauerkraut bei schwacher Hitze etwa 15 Minuten mit Deckel dünsten, dabei ab und zu umrühren. Nach der Garzeit Creme fraiche unterrühren und Sauerkraut mit Zucker, Paprikapulver, Salz und Pfeffer abschmecken.
∞ Kasseler trocken tupfen. Restliches Öl in einer Pfanne erhitzen. Kasseler darin bei mittlerer Hitze von beiden Seiten jeweils etwa 4 Minuten braten. Kasseler auf dem Rahmsauerkraut anrichten, mit Petersilie bestreuen.

Kassler Braten mit Senfkruste

<u>Zutaten für 6 Portionen</u>
1 200 g Kassler Lachsfleisch
1 TL Senfkörner
2 EL Bier
1 EL Zucker
1 Eiweiß
3 EL Paniermehl
30 g Butter

<u>Zubereitung</u>

∞ Kassler Braten in Senfkruste weitere 10 Minuten im Ofen überbacken, bis die Senfkruste goldbraun ist.

∞ Kassler Braten in Senfsoße wird mit Knochen im Backofen gebacken, damit das Fleisch saftiger bleibt. Das Fleisch erst vor dem Servieren vom Knochen lösen.

∞ Zuerst Kassler Lachsfleisch im Stück in eine Saftpfanne oder Auflaufform legen und im vorgeheizten Ofen bei 180 Grad 30 Minuten auf der mittleren Schiene backen.

∞ Senfkörner fein mahlen und mit hellem Bier und Zucker gut verrühren. Eiweiß kurz vor Ende der Garzeit möglichst steif schlagen und mit der Senfpaste mischen.

∞ Kassler Braten nach 30 Minuten aus dem Ofen nehmen und das Fleisch mit dem Eischnee bestreichen. Paniermehl darüber streuen und mit Butterflöckchen belegen.

∞ Das Fleisch braucht nicht weiter gewürzt zu werden, da es bereits gepökelt ist.

Reh in Pfeffersoße

Zutaten für 4 Portionen
600 g Reh Medaillons

Marinade
6 EL Öl
150 ml Rotwein
1 TL grüne Pfefferkörner
1 TL Knoblauchflocken
Salz

Püree
20 g getrocknete Steinpilze
500 g mehlige Kartoffeln
300 g Kürbis
100 ml Sahne

2 Messerspitzen gemahlener Muskat
1 EL Butter
100 ml Wildfond

Zubereitung Marinade

- ∞ 4 EL Öl mit dem Wein verrühren. Pfeffer zerstoßen, Knoblauchflocken und Salz zugeben.
- ∞ Rehfilet eine Stunde einlegen
- ∞ Getrocknete Steinpilze einweichen. Abtropfen.

Zubereitung Püree:

- ∞ Kartoffeln, Kürbis schälen, würfeln, weich kochen. Abgießen, durchpressen. Sahne dazu geben, mit Salz und Muskat würzen.

∞ Steinpilze hacken, in heißer Butter schwenken, zum Püree geben.

∞ Fleisch rausnehmen, abtupfen, im restlichem Öl rundum braten. Warm halten. Bratensatz mit restlicher Marinade und Wildfond etwas reduzieren. Mit den Gewürzen abschmecken, evtl. mit Soßenbilder abdicken.

Gefüllter Braten aus Wildschwein- und Rinderhack

Zutaten für 6 Portionen
800 g Hackfleisch vom Wildschwein
900 Hackfleisch vom Rind
2 Brötchen
3 Eier
2 Knoblauchzehen
70 g Möhren
120 g Lauch
1 Zwiebel
Salz
Pfeffer
1 Bund Petersilie
20 Blätter Bärlauch
80 g Feta Käse
1 hart gekochtes Ei
Olivenöl

Zubereitung

∞ Möhren, Zwiebeln und die Hälfte des Lauchs in kleine Würfel schneiden und in Öl weich braten. Abkühlen lassen und zum Hackfleisch geben.

∞ Dazu die eingeweichten und ausgedrückten Brötchen, die Eier und den kleingehackten bzw. durchgepressten Knoblauch geben. Gut mischen und mit Salz und Pfeffer würzen. Die Petersilie hacken und zum Schluss untermischen.

∞ Den Feta in vier Stangen schneiden, die andere Hälfte des Lauchs längs in feine Streifen schneiden. Das hart gekochte Ei in Längsscheiben schneiden. Den Bärlauch waschen und trocken tupfen. Den Hackfleischteig in drei Teile teilen, einen für jede Aluschale. Die Schalen mit Öl auspinseln.

∞ In der ersten Aluschale zunächst ein Drittel des zugewiesenen Fleischteiges auf den Boden streichen, darauf einige Bärlauchblätter und Lauchstreifen geben. Das zweite Drittel des Fleischteiges darauf verteilen und darauf wieder einige Bärlauchblätter und Lauchstreifen geben. Oben darauf das letzte Drittel des Fleischteiges geben und andrücken.

∞ Mit der zweiten Aluschale genauso verfahren, nur dort statt Lauch die Fetastangen auf den Bärlauchblättern verteilen, bei der dritten Aluschale dann die Eischeiben auf die Bärlauchblätter geben.

∞ Die drei Aluschalen in den auf 180 Grad Umluft vorgeheizten Ofen geben. Offen etwa 50 Minuten braten und die Hackbraten anschließend einige Minuten ruhen lassen.

Wildschweinrollbraten mit Pflaumen

Zutaten für 4 Portionen
1,2 kg Wildscheinbraten zu einem Rollbraten zurechtgeschnitten
2 Ltr. Buttermilch

200 g Backpflaumen
1/8 Ltr. Whisky
600 g Kartoffeln
4 Karotten
2 Zwiebeln
2 EL Öl
650 g Wildfond
Salz
Pfeffer
1 EL Wacholderbeeren
3 Körner Piment
2 Lorbeerblätter
1 TL Puderzucker
4 EL kalte Butter

Zubereitung

∞ Fleisch auf einem Küchenbrett ausbreiten und Pfeffern.
Von der breiten Seite her zu einer langen, schmalen Rolle
wickeln und mit Küchengarn zusammenbinden. Über
Nacht in der Buttermilch einlegen. Dörrpflaumen über
Nacht in Whisky einlegen.
∞ Kartoffeln und Karotten schälen und in Stücke schneiden.
Zwiebeln hacken. Pflaumen abtropfen lassen und
halbieren. Marinade auffangen.
∞ Backofen auf 180 Grad vorheizen.
∞ Fleisch abtrocknen und im Öl kräftig anbraten. Aus dem
Bräter nehmen und die Kartoffeln und Karotten darin kurz
anbraten. Pflaumen und Fleisch zugeben. Marinade
angießen und die Gewürze im Tee-Ei zufügen. Im Ofen ca.
1 Std, garen. Nach 30 Minuten mit Puderzucker bestreuen.
∞ Fleisch und Gemüse herausnehmen, Sud durch ein Sieb
geben. Salzen und pfeffern und mit der Butter aufschlagen.
Küchengarn von Fleisch entfernen und in Scheiben
schneiden. Mit dem Gemüse und der Soße servieren.

Wildschwein mit Pilzen

<u>Zutaten für 4 Portionen</u>
1,2 kg Wildschwein Rücken
700 g Pfifferlinge
2 Pilze (Kräuterseitlinge)
1 Falsche Rotwein, trocken
2 Becher Schmand
2 Zwiebeln
3 Knoblauchzehen
16 Wacholderbeeren
1 Lorbeerblatt
150 g durchwachsenen Speck
1 Bund Petersilie
2 Zweige Rosmarin
1 Zweig Majoran
Salz
Pfeffer
Butter und Öl
<u>Zubereitung</u>

∞ Als erstes die Pilze putzen und vorbereiten. Zwiebeln, Knoblauch und Petersilie fein hacken. Das Wildschweinstück in kleine Steaks schneiden und trocken tupfen.

∞ Eine gusseiserne Pfanne stark erhitzen und die Wacholderbeeren zerdrücken und darin rösten.

∞ Die Wacholderbeeren wieder raus nehmen und beiseite legen.

∞ Jetzt die Wildschweinsteaks von beiden Seiten ungefähr 2 Minuten scharf anbraten, aus der Pfanne nehmen und in einem Bräter legen.

∞ Zwiebelwürfel, Knoblauch, ein wenig Petersilie und den Rosmarinzweig sowie den Majoran ebenfalls in den Bräter geben.

∞ Noch ein paar Pfifferlinge dazu und mit Rotwein aufgießen, bis alles bedeckt ist und mit Alufolie dicht verschließen und ab damit in den Ofen bei 150 Grad für ca. 20 Minuten.

∞ In der Zwischenzeit den Speck würfeln und mit ein paar Wacholderbeeren in der Pfanne auslassen. Die Zwiebeln, den Knoblauch und die Pfifferlinge dazu und anbraten. Mit ein wenig Rotwein und dem Schmand ablöschen und gar ziehen lassen.

∞ Jetzt die Kräuterseitlinge längs aufschneiden und als Schnitzel in der Butter mit dem Öl von beiden Seiten braten. Auf einen Teller legen und mit Petersilie bestreuen.

∞ Das Wildschwein aus dem Ofen nehmen, die Schnitzel auf einen Teller legen, mit Alufolie abdecken und warmhalten.

∞ Die Soße aus dem Bräter durch ein Sieb streichen und noch ein wenig einkochen lassen. Mit Schmand, Salz, Pfeffer und noch ein wenig Rotwein aufkochen lassen. Ein wenig Mehl zum Bilden unterrühren.

Knusprige Gans mit Apfel-Speck-Klößen

Zutaten für 6 Portionen
1 Gans, ca. 5,5 kg
1 kg Gänseklein
5 Äpfel
4 Zwiebeln
350 g Zwiebeln
Sal, Pfeffer, Zucker
1 Bund getrockneter Beifuß
2 Bund Suppengrün
2 EL Öl
2 TL Tomatenmark
¼ Ltr. + 200 ml Rotwein

400 ml Gänsefond
1 EL Honig
100 ml Apfelsaft
1 Kopf Rotkohl
1 EL Butterschmalz
1 Lorbeerblatt
1 TL Lebkuchen Gewürz
100 g geräucherter Speck
750 g Kloßteig halb und halb
1 EL Speisestärke
½ Bund Petersilie

Zubereitung

∞ 4 Äpfel vierteln. 2 Zwiebeln würfeln. Mit Äpfeln, Salz, Pfeffer und Beifuß mischen. Gans waschen, würzen und mit Äpfeln füllen. Öffnung zustecken oder zubinden.

∞ Gans auf die Fettpfanne legen. Bei 150 Grad insgesamt ca. 5 Stunden braten. 1 Bund Suppengrün würfeln. Um die Gans verteilen. Nach ca. 2 Stunden ca. 3/8 Ltr. Wasser angießen.

∞ Gänseklein hacken, waschen und trockentupfen. 2 Zwiebeln würfeln. 1 Bund Suppengrün grob schneiden. Gänseklein im Öl ca. 10 Minuten rösten. Zwiebeln und Suppengrün zufügen und weitere 10 Minuten rösten. Tomatenmark einrühren, anschwitzen. Würzen. Mit ¼ Ltr. Wein ablöschen, aufkochen. Fond und 200 ml Wasser angießen, ca. 45 Minuten köcheln. Durchsieben.

∞ 350 g Zwiebeln in Spalten schneiden. 1 EL Zucker karamellisieren. Zwiebeln zufügen. Mit Honig und Saft ablöschen, aufkochen. 15-20 Minuten köcheln. Kohl in Streifen schneiden. Zwiebelconfit würzen, herausnehmen. Schmalz erhitzen. Hälfte Zwiebelconfit, Kohl, Lorbeer und Lebkuchengewürz zufügen und ca. 10 Minuten dünsten. Essig und 200 ml Wein angießen, aufkochen. Würzen.

∞ Zugedeckt ca. 1 Stunde schmoren.
∞ Speck würfeln, knusprig auslassen. ½ Apfel würfeln, zum Speck geben. Ca. 5 Minuten dünsten. Aus der Kloßmasse 10-12 Klöße formen. Mit Apfelmasse füllen. In Salzwasser ca. 15 Minuten ziehen lassen. Ca. 30 Minuten vor Ende der Garzeit Backofen 225 Grad hochschalten. 1 TL Salz und 3 EL Wasser verrühren. Gans ca. 15 Minuten vor Ender der Bratzeit zweimal damit bestreichen. Übriges Zwiebelconfit nochmals erhitzen. Vorbereitete Soße aufkochen.
∞ Gans herausheben, warm stellen. Soßenfund durchsieben, in einem Topf gießen. Bratsatz mit etwas heißem Wasser lösen, zugießen. Soßenfond entfetten, zur vorbereiteten Soße gießen. 3 EL Wasser und Stärke verrühren. Soße damit binden abschmecken. Petersilie hacken. Alles anrichten.

Putenrollbraten

Zutaten für 6 Portionen
1200 g Putenbrust
80 g Frühlingszwiebeln
1 rote Paprika
1 gelbe Paprika
2 Knoblauchzehen
20 g Butter
200 g Rinderhack
1 Ei
2 EL Paniermehl
Pfeffer
Salz
Paprikapulver
20 g Butterschmalz

½ Ltr. Hühnerbrühe
2 TL Stärkemehl

Zubereitung

∞ Für den Putenrollbraten eine Putenbrust als Rollbraten aufschneiden und das Fleisch mit der flachen Seite des Fleischklopfers flach klopfen.

∞ Ofen auf 175 Grad vorheizen.

∞ Frühlingszwiebeln putzen und in kleine Ringe schneiden, rote und gelbe Paprika halbieren, von weißen Kernen und Häuten befreien und in kleine Würfel schneiden.

∞ Knoblauchzehen pellen und feinwürfeln. In einer Pfanne Butter auslassen und das Gemüse darin andünsten. Gemüse vom Herd nehmen und etwas abkühlen lassen.

∞ Rinderhack in eine Schüssel geben und mit Ei und Paniermehl verkneten. Hack mit Pfeffer, Salz und Paprikapulver würzen.

∞ Die Hälfte vom Gemüse unter das Hack mischen und auf
∞ dem Putenrollbraten verteilen. Dabei ringsum einen kleinen Rand lassen. Die Putenbrust fest aufrollen und mit Küchengarn umwickeln.

∞ In einem Bräter Butterschmalz erhitzen und den Putenrollbraten ringsum kräftig anbraten. Hühnerbrühe zufügen und einen Deckel auflegen. Den Bräter in den auf 175 Grad vorgeheizten Backofen auf die mittlere Schiene stellen und ca. 30 Minuten schmoren.

∞ Dann das restliche Gemüse zufügen und weitere 30 Minuten offen garen.

∞ Den Putenrollbraten aus dem Bräter nehmen, in Alufolie wickeln und im ausgeschalteten Ofen ruhen lassen.

∞ Inzwischen die Sauce pürieren, in einen Topf gießen und einmal aufkochen. Stärkemehl mit wenig Wasser glatt rühren und die Sauce damit binden und evtl. noch etwas nachwürzen.

Hähnchen Schnitzel mit Trauben-Chutney

<u>Zutaten für 4 Portionen</u>
80 g Zucker
4 EL Balsamico Essig
4 gehackte Zwiebeln
400 g halbierte Trauben
4 TL Pininenkerne
400 g gewürztes Hähnchenfilet
400 g gekochte Kartoffeln

<u>Zubereitung</u>
∞ Zucker im Topf hellbraun karamellisieren. Mit Balsamico Essig löschen, 4 EL Wasser unterrühren.
∞ Zwiebel zugeben und unter Rühren köcheln, bis sich der Karamell auflöst. Trauben beifügen, 5 Minuten köcheln.
∞ Abschmecken und Pinienkerne beifügen. Hähnchenfilet mit Öl einpinseln und braten. Mit dem Chutney anrichten.
∞ Dazu 400 g gekochte Kartoffeln.

Fasan auf Trüffelrisotto

<u>Zutaten für 4 Portionen</u>
4 ausgelöste Fasanenkeulen und –brüste
8 Speckscheiben
200 g Risotto-Reis
1 Schalotte
½ Knoblauchzehe
100 ml Weißwein

3 EL Olivenöl
80 g kalte Butterwürfel
400 ml Wildfond
800 ml Kalbsfond
3 EL Cumberland-Soße
4 Gläser Trüffelcarpaccio und –creme

<u>Zubereitung</u>

∞ Backofen auf 160 Grad vorheizen. Fleisch salzen und pfeffern.
∞ Brüste mit je 2 Scheiben Speck umwickeln, mit den Keulen in etwas Öl anbraten. Dann Keulen ca. 20 Minuten, Brüste ca. 10 Minuten im Ofen fertig garen.
∞ Schalotten und Knoblauch hacken, im restlichem Öl anschwitzen. Risotto Reis dazugeben, glasig dünsten. Mit Wein ablöschen. Heißen Kalbsfond unter Rühren dazugeben, sämig kochen.
∞ Wildfond auf 150 ml einkochen. Mit Cumberland Soße, Salz und Pfeffer würzen. Fleisch rausnehmen. Bratensaft zum Wildfond geben.
∞ Trüffelcarpaccio und –creme zum Risotto geben, abschmecken und die Butterwürfel unterrühren.

Putengulasch mit Reis

<u>Zutaten für 4 Portionen</u>
200 g Langkornreis
500 g Putenbrustfilet
4 Zucchini
200 g Porree
2 Zehen Knoblauch

4 TL Olivenöl
Salz
Pfeffer
Thymian
4 Tassen Gemüsebrühe
8 TL Tomatenmark

Zubereitung

∞ Langkornreis garen und die Putenbrustfilet in Würfel schneiden. Zucchini und Porreestangen waschen, in Scheiben schneiden. Knoblauchzehe schälen und würfeln. Olivenöl in einer beschichteten Pfanne erhitzen und alle Zutaten darin unter Wenden 5 Minuten knusprig braun braten.
∞ Mit Salz, Pfeffer und Thymianblättern würzen. Die Gemüsebrühe mit Tomatenmark verrühren und zufügen. 5 Minuten dünsten und dann mit dem Reis servieren.

Gebratenes Hühnchen Maryland Art

Zutaten für 4 Portionen
4 Portionen Hühnchenteile
½ Tasse Mehl
1 TL Salz
1/2 TL Paprika
¼ TL Pfeffer
3 Eier
2 EL Wasser
Semmelmehl

Zubereitung

- ∞ Hühnchen waschen und trocken tupfen.
- ∞ Mehl, Salz, Paprika und Pfeffer mischen. Hühnchenteile mit Mehlmischung bedecken.
- ∞ Eier mit Wasser verrühren. Hühnchenteile hineingeben. Anschließend die Hühnchenteile in Semmelmehl wälzen.
- ∞ Hühnchenteile in einer Pfanne mit Öl 15-20 Minuten anbraten. Danach 30-40 Minuten bei reduzierter Hitze weiter braten. Hühnchenteile zweimal zwischendurch wenden.

Vegetarisches

Cremige Tomatensuppe

Zutaten für 4 Portionen

1 Zwiebel geschält und grob gehackt

1 Karotte grob geraspelt

1 Kartoffel geschält und gewürfelt

1 Selleriestift grob geraspelt

2 EL Olivenöl

2 EL Mehl

750 g Strauchtomaten, geviertelt

3,5 Zweige Petersilie

150 ml Gemüsefond

500 ml Soja Drink

250 ml Soja Cuisine

Garnitur Basilikumblätter

<u>Zubereitung</u>

∞ Die Zwiebeln und das Wurzelgemüse für 3-4 Minuten in Öl dünsten bis alles schön weich ist. Anschließend den Gemüsefond zugeben.

∞ Das Mehl, die Tomaten und die Petersilie einrühren und stocken lassen. Umrühren und auf mittlere Temperatur bringen.

∞ Den Topf bedecken und für ca. 20 Minuten garen, bis das Gemüse weich ist.

∞ Soja Drink hinzugeben, die Flüssigkeit passieren und die Kartoffeln durch ein Sieb pressen, damit sie eine sämig-cremige Suppe bekommen.

∞ Das Soja Cuisine einrühren und erwärmen, nicht aufkochen.

∞ Mit Basilikum garniert servieren.

Kartoffelcremsuppe

<u>Zutaten für 4 Portionen</u>

4 Möhren

200 g Creme Fraiche

1 Stange Lauch

Petersilie nach Bedarf

Hühnerbrühe nach Bedarf

Salz

50 g Butter

500 g Kartoffeln

Zubereitung

∞ Kartoffeln schälen und in Würfel schneiden.
∞ Möhren putzen und in Würfel schneiden.
∞ Beide Zutaten in einen großen Topf geben, mit Wasser auffüllen so dass es gerade bedeckt ist, mit Salz würzen.
∞ Beides zum kochen bringen bis es bissfest ist.
∞ Sind die Möhren und Kartoffeln weich, püriert man beide mit dem Stabmixer.
∞ Würzen mit Gemüsebrühe, Salz, Butter, Petersilie und Creme fraiche ganz nach Geschmack.

Spargelcremsuppe

Zutaten für 4 Portionen

750 g Spargel

150 g Kaffeesahne

2 Zwiebeln

1 ½ L Gemüsebrühe

25 g Butter

Salz

Pfeffer

Blattpetersilie

Zubereitung

∞ Der Spargel wird geschält und in gleich große Stücke geschnitten.
∞ Auch die Zwiebeln werden gehackt und in Butter gegart.
∞ Nach ca. 5 Minuten den Spargel dazu geben und 10 Minuten dünsten.
∞ Jetzt wird mit der Brühe abgelöscht und das Ganze eine halbe Stunde gegart.
∞ Wenn der Spargel eine feste Konsistenz hat wird die Suppe püriert.
∞ Die Suppe durch ein Sieb in einen anderen Topf geben. Mit Sahne auffüllen und erwärmen, nicht kochen.
∞ Nach belieben mit Salz und Pfeffer würzen.
∞ Mit Blattpetersilie dekorieren

Grüne Bohnensuppe mit Tomaten

Zutaten für 4 Portionen

200 g Tofu

400 g Kartoffeln

1 Zwiebel

2 EL Margarine

1 EL Olivenöl

1 TL Oregano

300 g Brechbohnen

400 g Tomaten aus der Dose

500 ml Gemüsebrühe

Salz

Zucker

Pfeffer

Paprika

½ Bund Basilikum

Zubereitung

- ∞ Tofu würfeln, mit Salz Pfeffer und Paprika kräftig würzen, etwas Olivenöl darüber träufeln.
- ∞ Kartoffeln schälen, waschen und in Würfel schneiden, Zwiebel abziehen und fein hacken.
- ∞ Margarine in einem Topf erhitzen, Kartoffeln, Zwiebeln, Oregano und Bohnen darin andünsten. Tomaten dazugeben und mit der Gemüsebrühe auffüllen. Alles bei schwacher Hitze ca. 25 Minuten kochen, bis das Gemüse gar ist. Mit Salz, Pfeffer und Zucker abschmecken.
- ∞ In der Zeit in der das Gemüse gart, die Tofu Würfel, in einer kleinen Pfanne, von allen Seiten kross anbraten.

∞ Basilikum waschen, trockentupfen und in feine Streifen schneiden. Suppe auf Teller verteilen, Tofuwürfel auf die Suppe geben und mit Basilikum bestreuen.

Paprikacremsuppe

<u>Zutaten für 4 Portionen</u>

500 g Paprikaschoten

4 Zwiebeln

200 g Sauerkraut

3 EL Speiseöl

1 Ltr. Kräftige Gemüsebrühe

Salz

4 EL Weißwein

1/8 Ltr. Sahne

<u>Zubereitung</u>

∞ Die Paprikaschoten halbieren, Stielansatz entfernen, Kerne und Scheidewände entfernen, waschen und in Streifen schneiden.

∞ Die Zwiebeln schälen und in feine Würfel schneiden, Sauerkraut lockerzupfen und fein schneiden.

∞ Speiseöl in einem Topf erhitzen, die Zwiebelwürfel darin glasig dünsten lassen, Paprika und Sauerkraut hinzu fügen und miterhitzen.

∞ Die Brühe dazu gießen, zum Kochen bringen, etwa 20 Minuten kochen lassen, mit Salz würzen, den Weißwein zugeben, die Sahne unterrühren und erhitzen.

Frühlingssalat

Zutaten für 4 Portionen

3 Eier

2 Scheiben Toastbrot

4 EL Öl

1 EL mittelscharfer Senf

3 EL Essig

375 g Bio Soja Jogurt Alternative Natur

Salz

Cayennepfeffer

1 Prise gemahlener Rosmarin

1 Kopf Friseesalat

1 Kopf Lollo Rosso

12 Kirschtomaten

2,5 Zweige Dill

2,5 Zweige Petersilie

2,5 Zweige Kerbel

Zubereitung

- ∞ 2 Eier etwa 9 Minuten kochen. Anschließend abschrecken, schälen und hacken. Toast entrinden, würfeln und in 1 EL Öl goldbraun rösten.
- ∞ Senf, Essig und übriges Ei mit dem Pürierstab mixen. Das restliche Öl tröpfchenweise zufügen und die Bio Soja Jogurt Alternative Natur einrühren.
- ∞ Mit Salz, Cayennepfeffer und Rosmarin würzen.
- ∞ Salate klein zupfen, Tomaten halbieren. Kräuter abzupfen.
- ∞ Alles mit dem Dressing mischen und anrichten, mit dem Croutons und Eiern bestreuen.

Kürbiscremesuppe mit Apfelstückchen

Zutaten für 4 Portionen

1 Schalotte

1 Zehe Knoblauch

400 g Kürbisfleisch

1 Apfel

1 EL Olivenöl

1 Kartoffel

400 ml Gemüsebrühe

100 ml Weißwein

170 ml Provamel Bio Soja Cuisine

½ TL Currypulver

Pfeffer

Salz

2 EL Kürbiskerne

Einige Blätter Koriander

<u>Zubereitung</u>

- ∞ Schalotte und Knoblauch schälen und hacken. Kürbis schälen, entkernen und würfeln. Apfel waschen, Kerngehäuse entfernen und klein schneiden.
- ∞ Öl erhitzen und darin Zwiebeln und Knoblauch darin andünsten. Ein Drittel Kürbis beiseite stellen. Kürbis zugeben und ca. 5 Minuten dünsten.
- ∞ Kartoffeln und Gemüsebrühe zum restlichen Kürbis geben.
- ∞ Aufkochen und Gemüse in ca. 15 Minuten garen.
- ∞ Alles pürieren und dann Wein und 150 ml Provamel Bio Soja Cuisine zugeben, erhitzen, aber nicht kochen.
- ∞ Mit Curry, Salz und Pfeffer würzen. Kürbis- und Apfelstücke zugeben und miterwärmen.
- ∞ Mit restlichen Provamel Bio Soja Cuisine, Kürbiskernen und Korianderblättern servieren.

Gurkensalat

<u>Zutaten für 4 Portionen</u>

1 kg Salatgurken

2 Zwiebeln

2 TL Salz

2 TL Senfkörner

2-3 EL Zucker

6 EL Essig Essenz

<u>Zubereitung</u>

- ∞ Die Gurken mit oder ohne Schale in Scheiben und die Zwiebeln in Ringe schneiden.
- ∞ Alles zusammen mit den Gewürzen in einer Schüssel gut durchmischen. Zugedeckt, am
- ∞ Besten im Kühlschrank, zwei bis drei Stunden ziehen lassen.

Kartoffel-Gurkensalat

<u>Zutaten für 4 Portionen</u>

600 g fest kochende Kartoffeln

Salz

Zucker

75 g Schalotten

2-3 EL Kräuteressig

125 ml Gemüsebrühe

2 EL Sojaöl

1 Salatgurke

Pfeffer

<u>Zubereitung</u>

- ∞ Kartoffeln gründlich waschen und in 20 Minuten gar kochen. Abgießen, abkühlen lassen und pellen.
- ∞ Schalotten fein würfeln. Kartoffeln in feine Scheiben schneiden und in eine Schüssel geben.
- ∞ Schalotten mit Essig, Brühe, Salz und Zucker aufkochen, kochendheiß über die Kartoffeln gießen. Öl dazugeben und alles vermischen. 30 Minuten ziehen lassen.
- ∞ Gurke schälen, halbieren und entkernen. Dann in sehr feine Scheiben schneiden. Unter den Salat mischen und mit Salz und Pfeffer würzen und weitere 10 Minuten ziehen lassen.

Vegetarischer Eintopf

<u>Zutaten für 4 Portionen</u>

250 g grüne Bohnen

2 Zwiebeln

250 g Karotten

50 g Margarine

250 g Tomaten

380 ml Gemüsebrühe

500 g Kartoffeln

250 g Blumenkohl

250 g Rosenkohl

Salz

Pfeffer

Zubereitung

- ∞ Zwiebeln würfeln, Karotten raspeln, Kartoffeln schälen und würfeln.
- ∞ Rosenkohl am Strunk ein Kreuz einschneiden, Tomaten vierteln, Bohnen in Stücke schneiden und den Blumenkohl in Röschen trennen.
- ∞ Nun werden Kartoffeln, Zwiebeln, Karotten und der Rosenkohl in der Margarine geschwenkt.
- ∞ Anschließend kommt die Brühe und die anderen Zutaten hinzu, mit Salz und Pfeffer würzen, köcheln lassen, bis die Bohnen gar sind.

Frittierte Kartoffelspalten mit Basilikum-Jogurt

Zutaten für 4 Portionen

1 kg kleine festkochende Kartoffeln

Pflanzenfett zum Frittieren

125 g Jogurt

75 g Quark

2 EL feingeschnittene Basilikumblätter

2 TL Zitronensaft

Salz

Pfeffer

Zubereitung

∞ Die Kartoffeln waschen und schälen. In 1 bis 2 cm dicke Spalten schneiden. Mit kaltem Wasser gründlich abbrausen und mit einem Küchentuch trocken tupfen.

∞ Das Öl in einer Fritteuse auf 160 Grad erhitzen und die Kartoffelstäbchen portionsweise hellgelb vorbacken. Aus dem Fett nehmen, abtropfen und etwas abkühlen lassen.

∞ Den Jogurt und den Quark mit dem Basilikum und dem Zitronensaft verrühren und mit Salz und Pfeffer würzen.

∞ Das Ausbackblech auf 180 Grad erhitzen. Die Kartoffelstäbchen darin in wenigen Minuten goldbraun und knusprig werden lassen.

∞ Herausnehmen, auf ein Küchenpapier schütten und kurz abfetten lassen. Mit Salz würzen und sofort mit Basilikum-Jogurt servieren.

Gemüse-Lasagne

Zutaten für 4 Portionen

500 g Brokkoligemüse

Pfeffer, Salz

1 Hand voll Basilikum-Blätter

4 TL Zucker

1 Zwiebel

3 Selleriestangen

250 g Mozzarella3 Messerspitzen Chilipulver

400 g Lasagneblätter

1200 Gramm Dosentomaten

3 Knoblauchzehen

4 EL Olivenöl

2 Lauchzwiebeln

3 EL Butter

Zubereitung

∞ Den Backofen auf 180 Grad vorheizen. Zwiebel und Knoblauch schälen und fein hacken. In einem Topf 4 EL Öl erhitzen und Zwiebel und Knoblauch darin andünsten. Die Tomaten und 4 TL Zucker hinzufügen und bei starker Hitze zum Kochen bringen.

∞ Die Sauce unter Rühren ca. 2 Minuten einkochen lassen.

∞ Die Hitze reduzieren und zugedeckt weitere 5 Minuten köcheln lassen. Mit Chili würzen und mit Salz und Pfeffer abschmecken.

∞ Den Sellerie waschen und in 1 cm dicke Streifen schneiden. Den Brokkoli putzen, waschen und in Röschen schneiden. Den Strunk schälen und in kleine Würfel schneiden. Reichlich Salzwasser zum Kochen bringen und das Gemüse darin 5 Minuten blanchieren, dann abtropfen lassen.

∞ Die Lauchzwiebeln waschen, putzen und in feine Ringe schneiden. Eine Auflaufform mit Butter einfetten und mit Lasagneblättern belegen. Reichlich Sauce darauf streichen. Mit dem Gemüse und den Basilikum-Blättern belegen. Immer weiter schichten, bis die Sauce und das Gemüse aufgebraucht sind. Mit der Sauce abschließen.

∞ Den Mozzarella fein hacken und darüber streuen. Mehrere Butterflocken darauf verteilen. Im heißen Backofen in ca. 30 Minuten goldbraun backen. In Stücke schneiden und sofort servieren.

Lasagne mit Fontina-Käse

Zutaten für 4 Portionen

1 TL Chilipulver

½ Liter Milch

2 EL Mehl

2 EL Butter

250 g Fontina Käse

1 Zwiebel

2 Knoblauchzehen

1 Prise Salz

2 Möhren

1 Prise Pfeffer

2 TL Zucker

1 EL Butter

3 EL Olivenöl

1 EL abgeriebene Zitronenschale

800 g Dosentomaten

400 g Lasagneblätter, vorgekocht aus der Packung

Zubereitung

∞ Den Backofen auf 200 Grad vorheizen. Die Möhren schälen und fein hacken. Zwiebel und Knoblauch schälen und fein hacken. Das Öl in einem Topf erhitzen und Möhren, Zwiebel und Knoblauch darin dünsten. Die Tomaten und den Zucker dazugeben, dann zugedeckt ca. 13 Minuten bei mittlerer Hitze köcheln lassen. Chili einrühren, dann mit Salz und Pfeffer abschmecken.

∞ Für die Bechamelsauce die Butter schmelzen, das Mehl darüber stäuben und anschwitzen.

∞ Die Milch unter Rühren nach und nach hinzufügen und zum Kochen bringen. Ca. 1 Minute kochen lassen, dann den Topf vom Herd ziehen. Mit Salz, Pfeffer und Zitronenschale würzen.

∞ Eine Auflaufform mit Butter einfetten und mit Lasagneblättern auslegen, dann dick mit Bechamelsauce bestreichen und die Tomatensauce darüber träufeln. Eine weitere Schicht Lasagneblätter darauf legen und mit Bechamelsauce und Tomatensauce so weiter verfahren bis alle Zutaten aufgebraucht sind. Mit Tomatensauce abschließen.

∞ Den Fontina reiben oder in kleine Stücke schneiden und darüber streuen. In den heißen Backofen schieben und in ca. 30 Minuten goldgelb Backen. Mit Basilikum garniert heiß serviere.

Würziges Chili mit Tofu

Zutaten für 4 Portionen

8 EL Sojaöl

4 Knoblauchzehen

1 EL Tomatenmark

150 ml Gemüsebrühe

2 Messerspitzen schwarzen Pfeffer

1 Zwiebel

½ Stange Lauch

1 große Möhre

2 Messerspitzen Salz

100 g Sellerie

1 Messerspitze Chiligewürz

500 g Tomaten

2 kleine Chilischoten

500 g Kidneybohnen

250 g Tofu

Zubereitung

∞ Tomaten enthäuten. Dazu Tomaten über Kreuz einritzen, überbrühen. Diese kurz schrecken. Entfernen sie die Stielansätze und schneiden sie das Tomatenfleisch in Würfel.

∞ Schälen sie die Möhre und den Sellerie und schneiden sie beides in feine Würfel. Dann waschen sie den Lauch und würfeln diesen ebenfalls.

∞ Schälen sie die Zwiebel und die Knoblauchzehen und hacken sie beide Zutaten klein. Anschließend waschen sie die Chilischoten, halbieren und entkernen diese und schneiden sie in Würfel. Den Tofu ebenfalls in Würfel schneiden.

∞ Erhitzen sie die Hälfte des Sojaöls in einem großen Topf und braten sie die Tofuwürfel etwa 5 Minuten von jeder Seite an. Nehmen sie die Tofustücke anschließend heraus. Auf Küchenpapier abtropfen lassen.

∞ Gießen sie das restliche Sojaöl in den Bratensatz.

∞ Dann dünsten sie die Möhren-, Lauch- und Selleriewürfel zusammen mit den Zwiebel-, Chilischoten- und Knoblauchstücken an. Geben sie das Tomatenmark hinzu und lassen sie das ganze anbraten. Dabei gelegentlich umrühren.

∞ Löschen sie das Gemüse mit der Brühe ab. Anschließend geben sie die Bohnen, den Saft und die Tomatenstücke in die Brühe. Würzen sie das Ganze mit dem Chiligewürz, Salz und Pfeffer. Dann bei geringer Hitze 15 Minuten köcheln lassen.

∞ Mischen sie den Tofu Würfel vorsichtig dazu und schmecken sie alles nochmal ab.

Paprikaschoten mit Quinoafüllung

Zutaten für 4 Portionen

250 g Quinoa

500 ml Gemüsebrühe

4 Paprikaschoten, rot oder gelb

1 Zwiebel

1-2 EL Olivenöl

2 EL frisch gehacktes Koriandergrün

Butter für die Form

150 ml trockener Weiswein

150 ml Butter

1 TL Kurkuma

1 TL Currypulver

Zubereitung

- ∞ Quinoa unter fließendem Wasser waschen bis es klar ist. Die Brühe aufkochen lassen. Quinoa zugeben und zugedeckt bei milder Hitze ca. 15 Minuten gar köcheln. Vom Feuer nehmen, falls nötig abgießen und auskühlen lassen.
- ∞ Die Paprikaschoten waschen, einen Deckel abschneiden und die Kerne, sowie weiße Innenwände entfernen.
- ∞ Den Backofen auf 220 Grad Ober- und Unterhitze vorheizen.
- ∞ Die Zwiebel abziehen, fein hacken und in einem Topf mit dem Öl glasig schwitzen. Mit dem Quinoa und Koriander mischen und in die Paprikaschoten füllen. Den Deckel aufsetzen und in eine gefettete Auflaufform setzen. Den Wein angießen und die Paprikaschoten 20-25 Minuten garen.
- ∞ Die Butter in einem Topf zerlassen mit dem Kurkuma und Curry mischen. Die Paprikaschoten auf Teller anrichten und mit der Butter beträufelt servieren.

Kartoffel-Quark-Auflauf mit Sonnenblumenökernen

Zutaten für 4 Portionen

5 EL Sonnenblumenkerne

1,2 kg Kartoffeln

4 weiße Zwiebeln

2 EL Raps-Kernöl

250 g Magerquark

300 g saure Sahne

4 Eier

Meersalz

Etwas Paprikapulver

2 TL Kümmel

Bratkartoffelgewürz

Etwas Butter

Etwas Paniermehl

100 geriebener Käse

Zubereitung

∞ Sonnenblumenkerne ohne Fett kurz anrösten. Kartoffeln als Pellkartoffel zubereiten, abkühlen lassen, schälen und in dünne Scheiben schneiden. Zwiebeln pellen, mittelfein würfeln, in heißem Öl goldgelb braten.

∞ Quark mit saurer Sahne und Eiern zu einer glatten Creme verrühren, mit Gewürzen abschmecken.

∞ Eine flache Auflaufform ausfetten, mit Paniermehl ausstreuen und die Hälfte der Kartoffelscheiben schuppenförmig in die Form legen, die Hälfte der Zwiebelwürfel darüber geben.

∞ Due Hälfte der Quarkmasse zugeben, etwas Käse und die Hälfte der Sonnenblumenkerne dazwischen streuen. Diesen Vorgang noch einmal wiederholen und zum Schluss restlichen Käse und restliche Sonnenblumenkerne darüber streuen.

∞ Auf der 2. Schiene im vorgeheizten Backofen bei 175 Grad ca. 45 Minuten überbacken.

Sauerkraut-Apfel Pfanne

Zutaten für 4 Portionen

5 getrocknete Tomaten

1 Zwiebel

2 EL Rapsöl

500 g Frischkost Sauerkraut

4 Kartoffeln

1 Apfel

2 Tassen Apfelsaft

5 Wachholderbeeren

1 Lorbeerblatt

Etwas schwarzen Pfeffer

Gemüsebrühe

1 Bd. Schnittlauch

<u>Zubereitung</u>

∞ Tomaten in etwas Wasser einweichen. Die Zwiebel schälen, in kleine Würfel schneiden und im Öl anbraten. Sauerkraut zugeben und kurz andünsten.

∞ Kartoffeln und Apfel schälen, und alles in sehr kleine Würfel schneiden. Zum Sauerkraut geben und mit Apfelsaft ablöschen.

∞ Wachholderbeeren, Lorbeerblatt und Pfeffer zugeben, ggf. mit etwas Gemüsebrühe auffüllen und mit geschlossenem Deckel ca. 20 Minuten garen.

∞ Tomaten ausdrücken, in feine Streifen schneiden und zusammen mit dem geschnittenen Schnittlauch zur Sauerkrautpfanne geben.

Cremiges Risotto mit Mascarpone und Gemüse

<u>Zutaten für 4 Portionen</u>

1,2 Ltr. Gemüsebrühe

1 Knoblauchzehe

4 Frühlingszwiebeln

2 EL Olivenöl

3 EL Mascarpone

½ Tasse Thymian

1 Stück frischer Parmesan

0,3 Ltr. Trockener Weißwein

400 g gefrorenes Mischgemüse

250 g Arborioreis

Zubereitung

∞ Als erstes hacken sie Knoblauch ganz fein. Dann schneiden sie die Frühlingszwiebel in 5 cm lange Stücke.

∞ Nun erhitzen sie das Olivenöl in einem hohen Topf und geben Knoblauch hinein. Kurz danach auch die Zwiebeln dazu geben und mit dünsten.

∞ Geben sie den reis zusammen mit dem Tiefkühlgemüse und dem gezupftem Thymian in den Topf. Alles unter ständigem Rühren 2-3 Minuten in dem Öl dünsten.

∞ Sofort wenn der Reis glasig wird, mit dem Weißwein ablöschen. Noch eine Suppenkelle Brühe hinzugeben und umrühren. Diese Mischung nun eine Weile einkochen lassen.

∞ Sowie sie merken, dass die Flüssigkeit vom Reis aufgenommen wurde, einfach erneut Brühe hinzufügen. Der Reis sollte etwa nach 15-20 Minuten gar sein.

∞ Nehmen sie ihn nun von der heißen Kochstelle und rühren sie die Mascarpone ein. Alles nach Belieben mit Gewürzen abschmecken.

∞ Richten sie das Risotto auf Tellern an und reiben sie etwas frischen Parmesan darüber.

Soja Schnitzel mit Reis und Kirschtomaten

Zutaten für 4 Portionen

340 g Bio Soja Schnitzel Wiener Art

Provamel Bio Soja Backen und Streichen

200 g Vollkornreis

1 EL Gemüsebrühe

1EL Thymian

1 Zwiebel

2 Zehen Knoblauch, feingeschnitten

1 EL Rosmarin, gepresst

500 g Kirschtomaten

1 TL Rohrzucker

Frischer Basilikum

1 Messerspitze Cayennepfeffer

1 Prise Salz

Zubereitung

∞ Vollkornreis nach Packungsanweisung in Gemüsebrühe kochen. Sobald der Reis gar ist mengen sie den Thymian unter.

∞ Kirschtomaten waschen und halbieren. Zwiebel, Knoblauch und Rosmarin in Provamel Bio Soja

Backen und Streichen anbraten.

∞ Kirschtomaten hinzufügen und 10 Minuten köcheln lassen. Sobald die Tomaten fertig durchgedämpft sind, fügen sie Rohrzucker, Basilikum, Cayennepfeffer und Salz hinzu.

∞ Provamel Bio Soja Backen und Streichen in einer weiteren Pfanne erhitzen und die Soja Schnitzel knusprig darin anbraten.

∞ Mit Thymianreis, Tomaten und Basilikumblättern servieren.

Feta-Gnocchi mit Kräuterpesto

Zutaten für 4 Portionen

200 g Patros Feta am Stück

800 g mehlige Kartoffeln

3 Eigelb

100 g Mehl

Salz

Muskat

1 Bd. Petersilie

1 Bd. Schnittlauch

1 Bd. gehackter Basilikum

2 rote Chilischoten

2 Knoblauchzehen

100 ml Olivenöl

schwarzen Pfeffer

60 g Oliven

Zubereitung

- ∞ 80 g Feta fein hacken.
- ∞ Kartoffeln in Salzwasser 20 Minuten kochen, pellen und durch die Kartoffelpresse drücken. Die Eigelb schnell einarbeiten.
- ∞ 120 g Feta in Würfel schneiden, Mehl und nach und nach den Feta unter die Kartoffel-Eimasse mischen, mit Salz und Muskat abschmecken.
- ∞ Mit bemehlten Händen aus der Kartoffelmasse etwa 2 cm lange und 1 cm hohe Würste formen und mit der Gabel eine Vertiefung drücken.
- ∞ Die Nocken portionsweise in siedendes Salzwasser geben und garziehen lassen, herausnehmen und abtropfen lassen.
- ∞ Petersilie, Schnittlauch, Basilikum und Chilischoten waschen, Petersilie und Basilikum fein hacken, Schnittlauch und Chilischoten in Ringe schneiden, Knoblauch schälen und zerdrücken.
- ∞ Für das Pesto das Olivenöl, Kräuter, Knoblauch, Pfeffer und Salz verrühren und in der Pfanne erhitzen, kleingeschnittene Oliven und Chiliringe dazugeben und Gnocchis darin schwenken, auf Teller anrichten und mit dem feingehackten Feta bestreuen.

Spaghetti mit Bolognese Sauce

Zutaten für 4 Portionen

300 g Bio Soja Gehacktes

500 g Tomatensoße (10 Tomaten, 2 Zwiebeln, 1 Bund Basilikum und 2 Knoblauchzehen.

Kräuter nach Wahl

Oregano, frisch oder getrocknet

Provamel Bio Soja Backen und Streichen

Gewünschte Menge Spagetti

Zubereitung

∞ Stellen sie die Tomaten aus den obenstehenden Zutaten her und lassen sie sie für 2 Stunden leicht köcheln.

∞ Braten sie das Provamel Bio Tofu Gehackte in etwas Provamel Bio Soja Backen und Streichen an und würzen sie es mit den Kräutern nach Wahl.

∞ Fügen sie die Tomatensoße hinzu und lassen sie das Ganze für weitere 5 Minuten köcheln. Würzen sie die Soße mit Pfeffer, Salz, Oregano und noch etwas Basilikum, wenn gewünscht.

∞ Bereiten sie die Spagetti wie gewohnt zu und servieren sie sie zusammen mit Bolognese Sauce.

Beluga-Linsenragout mit Champignons

<u>Zutaten für 4 Portionen</u>

250 g Linsen

1 Ltr. Gemüsebrühe

3 rote Zwiebeln

30 g Butter

Meersalz

Schwarzer Pfeffer

Rohrzucker, unraffiniert

1 EL Weizenmehl

100 ml Weißwein

1 EL Senf

Saft einer halben Zitrone

150 ml Creme fraiche

2 Gewürzgurken

200 g Champignons

4 EL frisch gehackte Petersilie

<u>Zubereitung</u>

∞ Linsen in kaltem Wasser waschen und zum Abtropfen auf ein Sieb geben. 700 ml Gemüsebrühe in einem Topf aufkochen. Linsenzugeben, mit geschlossenem Deckel auf kleiner Stufe 25-30 Minuten köcheln lassen. Anschließend auf ein Sieb abgießen, unter fließend kaltem Wasser abschrecken.

∞ Zwiebeln schälen und fein würfeln. 15 g Butter in einem Topf erhitzen, Zwiebeln zugeben und glasig dünsten. Mit ½ TL Salz, ¼ TL Pfeffer und ½ TL Zucker würzen. Mehl über die Zwiebeln stäuben und verrühren. Restliche Brühe und Weißwein zugeben und unter Rühren aufkochen lassen.

∞ Senf, Zitronensaft und Creme fraiche verrühren, unter die Sauce ziehen. Gurken fein würfeln und zusammenmit den gut abgetropften Linsen in die Sauce geben. Mit Salz, Pfeffer und Zucker abschmecken. Ragout von der Herdplatte nehmen und mindestens 15 Minuten durchziehen lassen.

∞ Champignons putzen, je nach Größe halbieren oder vierteln und kurz vor dem Servieren in der restlichen Butter anbraten. Mit Salz und Pfeffer würzen.

∞ Ragout erwärmen, die Hälfte der Champignons unterrühren. Portionieren und mit den restlichen Champignons und Petersilie dekorieren.

Getreideklöße mit Pilzrahm

Zutaten für 4 Portionen

200 ml Gemüsebrühe

40 g Margarine

150 g feines Getreideschrot, evtl. aus Grünkern

2 EL Sojamehl

Salz

Pfeffer

700 g gemischte Pilze

2 Zwiebeln

10 g Rapsöl

400 ml Sojamilch

2 TL Stärke

3 g Salbeiblätter

Zubereitung

∞ Gemüsebrühe mit Margarine aufkochen, Schrotmenge hineingeben und so lange rühren, bis sich ein Kloß bildet. Topf vom Herd nehmen. Sojamehl mit ca. 4 Esslöffeln Wasser verrühren. Nach und nach unter den Kloß arbeiten. Mit Salz und Pfeffer abschmecken.

∞ Mit den Händen kleine Klöße formen und in heißem Salzwasser fünf Minuten gar ziehen lassen.

∞ Champignons in Scheiben schneiden. Zwiebeln fein würfeln. Das Öl und die Pilze bei starker Hitze in circa acht Minuten anbraten, bis die Flüssigkeit verkocht ist. Zwiebel kurz mit anbraten. Milch zugießen und circa fünf Minuten köcheln lassen. Stärke mit etwas Wasser anrühren und die Soße damit binden. Mit Salz und Pfeffer abschmecken. Salbei fein hacken und untermischen. Pilzrahm mit den Getreideklößchen servieren.

Kartoffelgulasch mit Porree

Zutaten für 4 Portionen

1 kg fest kochende Kartoffeln

700 g dünne Porreestangen

2 EL Öl

¼ Ltr. Wasser

½ Ltr. Milch

Salz

Schwarzer Pfeffer

2 TL Thymian, getrocknet

200 g Schlagsahne

120 g geriebener Emmentaler

1 Bd. Petersilie

Zubereitung

∞ Kartoffeln schälen, waschen und würfeln.

∞ Porree putzen, sehr gut waschen und mit den grünen Blättern fingerbreit schneiden.

∞ Öl in einem Topf erhitzen, Kartoffeln und Porree darin unter Rühren bei starker Hitze anbraten.

∞ Wasser, Milch, Salz, Pfeffer und Thymian zugeben, aufkochen, zudecken und bei schwacher Hitze etwa 20 Minuten garen, bis die Kartoffeln weich sind.

∞ Sahne und Käse untermischen und die gehackte Petersilie darüber streuen.

Kohlrouladen mit Reis

<u>Zutaten für 4 Portionen</u>

Wirsing

100 g Reis

Butter

1 Zwiebel

1 Bd. Lauchzwiebeln

150 g Champignons

½ Ltr. Gemüsebrühe

2 EL Tomatenmark

Salz

Pfeffer

Paprika

<u>Zubereitung</u>

- ∞ Vom Wirsing 8 große Blätter lösen und blanchieren. Die dicke Mittelrippe herausschneiden, vom restlichen Kohl etwa 200 g in Streifen schneiden.
- ∞ Die gehackte Zwiebel in etwas Butter andünsten, Reis zugeben, mit Brühe ablöschen und den Reis garziehen lassen.
- ∞ Pilze putzen und würfeln, mit den feingeschnittenen Lauchzwiebeln in etwas Butter dünsten und mit den Gewürzen abschmecken.
- ∞ Den fertig gegarten Reis mit den Pilzen mischen.

∞ Die Füllung auf die Kohlblätter verteilen, aufrollen und eventuell mit Garn zubinden.

∞ Die Rouladen in heißem Fett scharf anbraten und wieder herausnehmen. Jetzt die Kohlstreifen ebenfalls anbraten, Tomatenmark zugeben und gut vermischen, mit Brühe ablöschen.

∞ Alles in eine Auflaufform geben und abgedeckt ca. 40 Minuten bei 180 Grad im Backofen garen.

Wirsingroulade mit Kartoffeln

Zutaten für 4 Portionen

1 Wirsing

500 g Kartoffeln

200 g Sellerie

¼ Ltr. Milch

1 EL Margarine

Salz, Pfeffer, Muskat

Butterschmalz

2 Zwiebel

2 Karotten

100 g Räuchertofu

1 TL Tomatenmark

¼ Ltr. Gemüsebrühe

Zubereitung

∞ Die großen, äußeren Blätter von dem Wirsing ablösen und in kochendem Wasser 4 Minuten blanchieren.

∞ Kartoffel und Sellerie schälen und in grobe Würfel schneiden, in Salzwasser garen, dann abschütten. Mit Margarine, Milch und Gewürzen zu einem Kartoffelbrei zerstampfen.

∞ Zwiebeln und Möhren schälen und würfeln, jeweils die Hälfte im heißen Butterschmalz andünsten, den gewürfelten Tofu zufügen. Wenn die Möhren gar sind, alles unter den fertigen Kartoffelbrei rühren.

∞ Die Wirsingblätter mit der Kartoffelmasse füllen, aufrollen und mit einem Bindfaden zusammenhalten.

∞ Die Wirsingrouladen in heißem Butterschmalz rundherum anbraten, anschließend auf einen Teller legen.

∞ ¼ vom Wirsing in feine Streifen schneiden und mit den restlichen Möhren- und Zwiebelwürfel in der Pfanne anbraten. Tomatenmark zugeben und alles gut verrühren, mit Gemüsebrühe ablöschen und die Rouladen wieder in die Pfanne geben, ca. 20 Minuten garen.

Kartoffelklöße mit Basilikum

Zutaten für 4 Portionen

1 kg mehlige Kartoffeln

Weißer Pfeffer

Salz

Muskat

2 Eier

250 g Weizenmehl

1 Topf Basilikum

50 g Butter

40 g geriebener Parmesan

Zubereitung

- ∞ Kartoffeln gut waschen, mit der Schale kochen, danach etwas abkühlen lassen und pellen.
- ∞ Nun mit einem Kartoffelstampfer zerdrücken, mit Salz, Muskat und Pfeffer würzen.
- ∞ Die verquirlten Eier dazugeben und soviel Mehl dazu kneten, bis die Masse nicht mehr klebt.
- ∞ Mit den Händen bis zu 12 Klöße formen und diese im siedenden Salzwasser etwa 10 Minuten ziehen lassen.
- ∞ Die Basilikumblätter von den Stielen zupfen, waschen, trockentupfen und fein schneiden.
- ∞ Die Butter zerlassen und geschnittenes Basilikum hineingeben.
- ∞ Die Klöße abtropfen lassen, in eine Schüssel geben und mit der heißen Basilikumbutter übergießen und den Parmesan dazu reichen.

Knusprige Kartoffeln und Möhren vom Blech

Zutaten für 4 Portionen

1,5 kg Kartoffeln

4 EL Pflanzencreme

3 TL grobes Salz

schwarzen Pfeffer

1 kg Möhren

5 Lorbeerblätter

1 Bd. Petersilie

1 Zweig Rosmarin

3 Knofis

3 EL Olivenöl

Zubereitung

∞ Geschälte Kartoffeln halbieren oder vierteln. Möhren schälen und in große Stücke schneiden.
∞ Kartoffeln, Möhren und Lorbeerblätter auf ein Backblech verteilen. Mit Salz und Pfeffer würzen und Pflanzencreme darüber geben.
∞ Bei 175 Grad im Backofen garen, dabei zwischendurch wenden.
∞ Kräuter und Knofi fein hacken und mit Öl vermischen.
∞ Sobald die Kartoffeln und Möhren knusprig-braun sind, die Kräuter-Knofi-Ölmischung darüber geben und gleich servieren.

Spargel mit Gemüseragout

Zutaten für 4 Portionen

400 g weißer Spargel

Salz

15 g Butter

3 EL Orangensaft

200 g Egerlinge

100 g Radieschensprossen

3 EL Creme fraiche

Weißer Pfeffer

½ Bd. Petersilie

½ Bd. Dill

½ Bd. Schnittlauch

Zubereitung

∞ Den Spargel von oben nach unten dünn schälen, die harten Enden abschneiden, reichlich Salzwasser zum Kochen bringen. Butter, Orangensaft und Spargel hineingeben. Den Spargel etwa 25 Minuten bissfest garen, dann herausnehmen und warm stellen, das Spargelwasser aufheben.

∞ Die Egerlinge säubern, in Scheiben schneiden und in etwas Spargelfond kurz andünsten. Die Radieschensprossen abspülen, zu den Pilzen geben und zugedeckt 5 Minuten köcheln lassen.

∞ Die Kräuter waschen, trockenschwenken und fein hacken.

∞ Creme fraiche in das Gemüse einrühren, mit Salz und Pfeffer würzen, dann die gehackten Kräuter dazugeben.

∞ Den Spargel auf Teller anrichten und das Gemüseragout verteilen.

Wirsing Karotten Eintopf

Zutaten für 4 Portionen
1 EL getrocknete Waldpilze

1 Zwiebel

100 g Weißkraut

250 Möhren

2,5 Blätter Wirsing

1 Ltr. Gemüsebrühe

300 g gekochte Kartoffel

50 g Provamel Bio Soja Cuisine

1 Messerspitze Kümmel

1 Messerspitze Pfeffer

1 TL Salz

1 Prise Rauchsalz

<u>Zubereitung</u>

∞ Die getrockneten Pilze für ein paar Stunden in etwas kalter Gemüsebrühe einweichen lassen. Das Gemüse putzen und die Zwiebel in Streifen, das Weißkraut blättrig in ca. 2x2 cm große Würfel schneiden, den Wirsing in Streifen, die Karotten halbieren und in dünne Scheiben und die gekochten Kartoffel in Würfel 1x1 cm schneiden.

∞ In einem größeren Topf etwas Provamel Bio Soja Backen und Streichen erhitzen und die Weißkrautwürfel leicht mit Farbe darin anbraten.

∞ Anschließend die Zwiebelstreifen zugeben, kurz mit durchschwenken und mit etwas Salz, Rauchsalz und gem. Kümmel würzen. Die Karottenscheiben, die Gemüsebrühe sowie die eingeweichten Pilze mit der Einweichbrühe zugeben und mit geschlossenem Deckel leise gar köcheln lassen.

∞ Zum Schluss die Wirsingstreifen und die Kartoffelwürfel zugeben, aufkochen lassen und nochmals mit Salz und Pfeffer abschmecken.

Geschmortes Gemüse vom Blech

<u>Zutaten für 8 Portionen</u>

1 Glas mit 370 ml weiße Bohnenkerne

750 g Möhren

450 g Gemüsezwiebeln

600 g Schneidebohnen

2 EL Öl

Salz

Pfeffer

½ Ltr. Gemüsebrühe

1 850 g Dose mit Tomaten

½ Bd. Petersilie

½ Bd. Thymian

100 g Gouda

200 g Schmand

Zubereitung

∞ Bohnenkerne abtropfen lassen. Möhren und Zwiebeln in dünne Scheiben schneiden, Bohnen schräg in Stücke schneiden.

∞ Vorbereitetes Gemüse auf die Fettpfanne des Backofens geben. Mit Öl beträufeln und mit Salz und Pfeffer würzen. Gemüsebrühe über das Gemüse gießen.

∞ Im heißen Backofen, Umluft 150 Grad, etwa 1 Stunde garen.

∞ Tomaten abtropfen lassen, klein schneiden. Einige Kräuter zum Garnieren beiseite legen, restliche Blättchen abzupfen. Nach 20 Minuten der Garzeit Tomaten und Kräuter zum Gemüse geben und bei gleicher Temperatur zu Ende garen.

∞ Käse reiben, mit Schmand verrühren. Käse-Schmand-Mischung über das Gemüse geben.

∞ Temperatur auf 175 Grad erhöhen und alles ca. 15 Minuten überbacken. Mit Kräutern garniert servieren.

Champignons Risotto

Zutaten für 4 Portionen

150 g Risottoreis oder Milchreis

2 Zwiebeln

¼ Ltr. Gemüsebrühe

150 ml Weißwein

Frisch geriebenen Parmesan

25 g Margarine

300 g Champignons

Gehackte Petersilie

Olivenöl

Salz

Pfeffer

Zubereitung

∞ Eine feingeschnittene Zwiebel in Margarine glasig anschwitzen. Den Reis zugeben und rühren bis er ebenfalls glasig ist.
∞ Mit der Brühe auffüllen. Aufkochen lassen und dann die Hitze zurücknehmen.
∞ Unter gelegentlichem Rühren 15-18 Minuten köcheln lassen.

∞ Wenn der Reis dickflüssig wird, langsam den Wein zugeben. Kurz bevor das Gericht fertig ist eventuell noch etwas Wein oder Wasser zugeben, bis eine breiartige Konsistenz erreicht wird.

∞ Abschmecken mit Salz, Pfeffer und dem Parmesan.

∞ Die geschnittenen Pilze in Olivenöl mit einer feingeschnittenen Zwiebel anbraten. Salzen und pfeffern. Gehackte Petersilie dazugeben und unter den reis mischen.

Nudelragout mit Broccoli

Zutaten für 4 Portionen

250 g Schleifennudeln

4 Ltr. Kochendes Salzwasser

1 EL Speiseöl

½ Ltr. Wasser

20 g Butter

Salz

Zucker

300 g Broccoli

1/8 Ltr. Broccoli Flüssigkeit

200 g Creme fraiche

1 Eigelb

Schwarzen Pfeffer

gemahlenen Muskat

∞ Die Nudeln in das kochende Salzwasser geben, Speiseöl hinzufügen, zum Kochen bringen. Ab und zu umrühren und in 10 Minuten garen, auf ein Sieb geben, mit kaltem Wassere übergießen, abtropfen lassen und warm stellen.

∞ Wasser mit Butter, Salz und Zucker zum Kochen bringen, den Broccoli hineingeben, zum Kochen bringen, in etwa 7 Minuten gar kochen, abtropfen lassen. Flüssigkeit auffangen.

∞ Broccoliröschen halbieren, vorsichtig mit den Nudeln vermengen und warm stellen.

∞ 1/8 Ltr. Broccoliflüssigkeit mit Creme fraiche verrühren, zum Kochen bringen, einkochen lassen.

∞ Das Eigelb unterrühren, nicht mehr kochen lassen und die Sauce mit Pfeffer und Muskat würzen und über die Broccoli – Nudeln geben und sofort servieren.

Risotto mit grünem Spargel

Zutaten für 4 Portionen

500 g grüner Spargel

Olivenöl

2 Knoblauchzehen

1 Zwiebel

350 g Risotto Reis

1 Ltr. Gemüsebrühe

Salz

Pfeffer

Butter

Parmesan nach Geschmack

Zubereitung

- ∞ Den Spargel putzen und in kleine Stücke schneiden. Zwiebel und Knoblauch schälen und fein hacken.
- ∞ Zuerst die Zwiebel im Olivenöl glasig anbraten, dann den Knoblauch dazugeben. Den Reis hinzugeben und kurz andünsten
- ∞ Die Spargelstücke hinzufügen und nach und nach Brühe dazu gießen, immer bei geringer Hitze köcheln lassen.
- ∞ Wenn der Reis gar ist, etwas Butter und geriebenen Parmesan unterrühren. Mit Salz und Pfeffer abschmecken.

Überbackener Weißkohl

Zutaten für 4 Portionen

1 kg Weißkohl

1 TL Salz

1 EL Butterschmalz

2 TL Kümmel

Salz

4 EL Gemüsebrühe

5 EL saure Sahne

1 EL Butterflöckchen

Zubereitung

∞ Vom Weißkohl die äußeren schlechten Blätter entfernen, den Strunk kürzen und den Kohl in Achtel schneiden.

∞ In einem großen Topf reichlich Wasser mit dem Salz zum Kochen bringen, die Kohlachtel ins kochende Wasser legen und zugedeckt 5 Minuten kochen lassen. Dann die Kohlstücke kalt abbrausen und abtropfen lassen.

∞ In einem feuerfesten Geschirr mit Deckel das Butterschmalz zerlassen und die Kohlachtel von allen Seiten darin kurz anbraten.

∞ Kümmel, Salz und die Gemüsebrühe über die Kohlachtel geben und diese zugedeckt bei schwacher Hitze 15 Minuten dünsten.

∞ Die Kohlachtel mit der sauren Sahne übergießen, mit den Butterflöckchen belegen und im auf 220 Grad vorgeheizten Backofen noch 8-10 Minuten überbacken, bis die Oberfläche des Weißkohls leicht gebräunt ist.

Pommes Frites mit holländischer Pindasaus

Zutaten für 4 Portionen

1 Glas Erdnussbutter

2 Zwiebeln

1 Gemüsebrühe

1EL Sojasauce

50 g Butter

2 EL Zitronensaft

1 Knoblauchzehe

6 EL braunen Zucker

Kartoffeln

Sonnenblumenöl

Zubereitung

- ∞ Butter zerlassen
- ∞ Zwiebeln und Knoblauchzehe fein hacken
- ∞ Sojasoße, Zucker und Zitronensaft in einer Schale vermischen
- ∞ Danach das Gemüsepulver in einem Liter heißem Wasser auflösen
- ∞ Zwiebeln und Knoblauch zur geschmolzenen Butter geben und glasig werden lassen
- ∞ Restliche Zutaten nach und nach unter Rühren in den Topf geben
- ∞ Etwas von der Brühe in die Sauce geben
- ∞ Den Topf bei kleiner Flamme auf den Herd stellen und die Erdnussbutter hinzufügen. Die Pindasaus darf

dabei nicht kochen. Wenn die Sauce zu dick wird, noch etwas Brühe zugeben.

∞ Die Kartoffeln waschen und mit dem Pommesschneider zu Pommes Frites verarbeiten

∞ In einer Fritteuse goldgelb frittieren.

Zwetschgenknödel

Zutaten für 4 Portionen

60 g Butter

2 Eigelb

1 Prise Salz

1 abgeriebenes Brötchen

etwas Milch

300 g Quark

300 g Mehl

750 g Zwetschgen

Zum Bestreuen

Zimt

Zucker

Zubereitung

∞ Das abgeriebene Brötchen in etwas Milch einweichen.

∞ Butter und Eigelb schaumig rühren. Quark, Mehl, Salz und ausgedrücktes Brötchen zugeben. Auf eine Backunterlage zu einem glatten Teig verarbeiten.

∞ Den knapp 0,5 cm ausgerollten Teig in ungefähr 40 gleichmäßige Vierecke schneiden.

∞ Die gewaschenen und abgetrockneten Pflaumen in die Teigstücke einwickeln und zu einem Knödel formen, in kochendes Salzwasser 10-15 Minuten köcheln lassen.

∞ Die abgetropften Knödel mit Zucker und Zimt bestreuen und servieren.

Nudelauflauf mit Champignons

Zutaten für 4 Portionen

500 g Tortellini mit Frischkäse gefüllt

200 g Champignons

3 Frühlingszwiebeln

2 Eier

50 g Creme fraiche

250 ml Sahne

60 g geriebenen Parmesankäse

2 EL Rapsöl

1 Bd. Petersilie

Salz

Pfeffer

Zubereitung

- ∞ Backofen auf 200 Grad vorheizen.
- ∞ Tortellini nach Packungsanweisung garen.
- ∞ Champignons putzen, kurz abbrausen und halbieren. Frühlingszwiebeln putzen, waschen und in Ringe schneiden.
- ∞ Öl in einer Pfanne erhitzen und beides darin andünsten.
- ∞ Petersilie waschen, Blättchen abzupfen und klein hacken.
- ∞ Eier mit Creme fraiche und der Sahne verquirlen. Den Parmesankäse und die Petersilie dazugeben. Mit Salz und Pfeffer würzen und alles gut verrühren.
- ∞ Eine Auflaufform einfetten. Tortellini abgießen, mit den Champignons und Frühlingszwiebeln vermischen und in die Auflaufform geben. Mit der Sauce übergießen und ca. 25 Minuten überbacken.

Dicke Bohnen mit Möhren

Zutaten für 4 Portionen

500 g ausgespaltete dicke Bohnen

375 g junge Möhren

375 g Kartoffeln

1 Zwiebel

12 Salbeiblättchen

2 EL Butter

111

Salz

Weißer Pfeffer

Zucker

1/8 Ltr. Wasser

4 EL Sahne

<u>Zubereitung</u>

∞ Die dicken Bohnen waschen, die Möhren putzen, schrappen, waschen und in Scheiben schneiden.

∞ Kartoffeln schälen waschen, in Würfel schneiden, Zwiebel schälen und fein würfeln und die Salbeiblättchen vorsichtig abspülen, trockentupfen und fein hacken.

∞ Die Butter zerlassen und die dicken Bohnen, Möhrenscheiben, Kartoffelwürfel, Zwiebelwürfel, die Hälfte der gehackten Salbeiblättchen darin andünsten lassen.

∞ Mit Salz, Pfeffer und Zucker kräftig würzen, Wasser hinzugießen, das Gemüse in etwa 15 Minuten gar dünsten lassen.

∞ Die Sahne unterrühren, die restlichen gehackten Salbeiblättchen über das Gemüse streuen.

Gemüse-Reispfanne mit roten Linsen

<u>Zutaten für 4 Portionen</u>

1 grüne Paprikaschote

1 rote Paprikaschote

5 Frühlingszwiebeln

2 kleine Zucchini

3 Möhren

1 Fleischtomate

Sonnenblumenöl

200 g Langkornreis

600 ml Wasser

100 g rote Linsen

Salz, Pfeffer

1 TL Kurkuma

Gemüsebrühe

Gehackte Petersilie

Zubereitung

∞ Paprikaschoten waschen, halbieren, entkernen und in Streifen schneiden.
∞ Frühlingszwiebeln putzen und in Ringe schneiden. Zucchini waschen und in Würfel schneiden. Möhren schälen und in Stifte schneiden. Tomate waschen, Stielansatz entfernen und würfeln.
∞ Öl in einer Pfanne erhitzen, den Reis darin glasig dünsten, mit Wasser aufgießen und die Linsen zugeben. Aufkochen lassen, Kurkuma und Gemüsebrühe darin auflösen und köcheln lassen.
∞ Nach 10 Minuten das Gemüse zufügen und zugedeckt weitere 10-15 Minuten garen.
∞ Mit Petersilie bestreut servieren.

Spinat-Ricotta-Tortellini mit Haselnuss-Cognac-Sauce

<u>Zutaten für 4 Portionen</u>

Tortellini mit einer Spinat-Ricotta Füllung

200 ml Gemüsebrühe

200 ml Sahne

6 gehäufte EL Haselnüsse

4-6 cl Cognac

Speisestärke

<u>Zubereitung</u>

∞ Die Tortellini kochen, Gemüsebrühe und Sahne aufkochen, Haselnüsse kleinhacken und Cognac zufügen.

∞ Eventuell die Sauce mit Speisestärke noch etwas eindicken

Spinat Kartoffelauflauf

<u>Zutaten für 4 Portionen</u>
2 Zwiebeln

2 Zehen Knoblauch

2 EL Olivenöl

300 g tiefgefrorener Blattspinat

Pfeffer, Salz

1 Bd. Petersilie

120 g Manchego oder Parmesan

500 ml Provamel Bio Soja Drink plus Calcium

1 Zitrone

2 TL Gemüsebrühe Instant

2,5 EL Saucenbinder, hell

600 g Kartoffeln

Zubereitung

- ∞ Zwiebeln und Knoblauch schälen und fein schneiden. Im heißen Öl glasig dünsten. Spinat zufügen und kurz mitdünsten.
- ∞ Mit Salz und Pfeffer würzen und in eine gefettete Auflaufform geben. Petersilie waschen, trocken tupfen und fein schneiden.
- ∞ Manchego reiben. Provamel Bio Soja Drink plus Calcium in einem Topf geben.
- ∞ Abgeriebene Zitronenschale, Salz, Pfeffer und Gemüsebrühe zufügen. Aufkochen und mit hellem Saucenbinder binden. Petersilie zufügen. Sauce kräftig abschmecken. Kartoffeln waschen, schälen, fein hobeln und in kochendem gesalzenem Wasser 4 Minuten blanchieren.
- ∞ Abgetropfte Kartoffelscheiben auf dem Spinat schichten. Mit der Sauce übergießen und mit Manchego bestreuen.
- ∞ Im vorgeheizten Backofen bei 200 Grad Umluft ca. 30 Minuten backen.

Gemüsebratlinge

Zutaten für 4 Personen

200 g Karotten

200 g Knollensellerie

300 g Kartoffeln

5 EL Hafer Vollkornmehl

2 Eier

weißer Pfeffer

Salz

Muskat

1 Bd. Petersilie

1 Bd. Dill

2 EL Olivenöl

Zubereitung

- ∞ Die Karotten, den Sellerie und die Kartoffeln waschen, den Sellerie und die Kartoffeln schälen.
- ∞ Den Sellerie, die Karotten und die Kartoffeln grob raspeln, mit dem Mehl und den Eiern mischen.
- ∞ Sellerie und Dill waschen, trockenschwenken und fein hacken.
- ∞ Die Gewürze und die Kräuter unter die Gemüsemischung mengen.
- ∞ Kleine Bratlinge aus dem Teig formen und in heißem Öl von beiden Seiten goldgelb backen.

Linsen Risotto mit Gemüse

<u>Zutaten für 4 Portionen</u>

80 g Linsen

80 g Natureis

1 Lorbeerblatt

400 ml Wasser

1 Zwiebel

etwas Margarine

1 Gemüsebrühwürfel

60 g Möhren

60 g Knollensellerie

60 g Lauch

1 kleiner Spitzkohl

1 TL Thymian

Liebstöckel

3 TL Majoran

Salz

Petersilie

<u>Zubereitung</u>

∞ Die Linsen und den reis mit dem Lorbeerblatt 6-10 Stunden in dem Wasser einweichen.

∞ Die Zwiebel schälen, fein würfeln und in etwas Margarine glasig braten. Die Reismischung und den Brühwürfel dazugeben. Bei schwacher Hitze etwa 10 Minuten garen.

∞ Inzwischen das Gemüse putzen und waschen. Die Möhren und den Sellerie in kleine Würfel, den Lauch und den Spitzkohl in schmale Streifen schneiden.

∞ Das Gemüse, den Thymian und den Liebstöckel unter den Linsen-Reis mischen. 10-15 Minuten garen, bis der Reis ausgequollen ist.

∞ Das Lorbeerblatt entfernen. Mit Majoran und Salz abschmecken.

∞ Risotto mit gehackter Petersilie bestreuen.

Blumenkohlauflauf

Zutaten für 4 Portionen

1 Blumenkohl

5 mittlere Karotten

3 EL Butter

3 EL Mehl

150 ml Milch

1 Bd. Petersilie

250 g Emmentaler, gerieben

1 EL Muskatblüte (Macis)

Salz

Pfeffer

Zubereitung

- ∞ Die Karotten mit Pelle ca. 20 Minuten kochen.
- ∞ Den Blumenkohl in einem großen Topf mit Salzwasser etwa 15-20 Minuten kochen, bis der Strunk weich ist.
- ∞ Den fertigen Blumenkohl in Röschen zerteilen.
- ∞ Eine feuerfeste Form mit Butter oder Margarine ausstreichen.
- ∞ Die Kartoffeln pellen und in Scheiben schneiden.
- ∞ Die Butter in einem Topf zerlassen, Mehl einrühren und eine helle Mehlschwitze herstellen.
- ∞ Unter ständigem Rühren die Milch zugießen, dass keine Klümpchen entstehen.
- ∞ Petersilie waschen, trocknen und fein hacken.
- ∞ Die Sauce mit Macis, Salz, Pfeffer abschmecken und die Petersilie einrühren.
- ∞ Die Auflaufform mit Kartoffelscheiben auslegen, mit Käse bestreuen, die Blumenkohlröschen darauf verteilen.
- ∞ Etwas Käse darüber streuen und mit der Sauce übergießen, als letzte Schicht wieder Käse.
- ∞ Backofen auf 200 Grad vorheizen, den Auflauf etwa 35-40 Minuten backen.

Reisbällchen auf Tomatengemüse

Zutaten für 4 Personen

200 g Langkorn Naturreis

Salz

2 Bd. Frühlingszwiebeln

2 Eier

80 g Paniermehl

50 g Parmesan

Thymian

Pfeffer

2EL Olivenöl

1 Dose Pizzatomaten

Kokosfett

Zubereitung

∞ Den Reis in Salzwasser aufkochen und ausquellen lassen.
∞ Frühlingszwiebeln putzen und in Ringe schneiden.
∞ Den etwas abgekühlten Reis mit Eiern, Paniermehl, Thymian, Salz und Pfeffer verkneten.
∞ Frühlingszwiebeln in mäßig heißen Öl 5 Minuten dünsten. Pizzatomaten zugeben, mit Salz und Pfeffer würzen. Weitere 5 Minuten dünsten.

∞ Inzwischen aus der Reismasse Bratlinge formen, Im heißen Kokosfett von beiden Seiten goldbraun braten. Reisbällchen auf dem Tomatengemüse anrichten.

Grünkern Frikadellen

<u>Zutaten für 4 Portionen</u>

1 Tasse Grünkernschrot

2 Tassen Gemüsebrühe

1 Zwiebel

1 Karotte

1 TL Tomatenmark

1 TL Senf

Paniermehl

Öl

Salz

Pfeffer

<u>Zubereitung</u>

∞ Grünkernschrot in der Gemüsebrühe aufkochen und auf der ausgeschalteten Herdplatte ausquellen lassen.

∞ Zwiebeln schälen, hacken und in etwas Öl andünsten, die geschälte Karotte fein reiben.
∞ Zwiebel, Karotte und die restlichen Gewürze zu dem gegarten Grünkern geben. Ca. 3 Esslöffel Paniermehl unterkneten, anschließend nicht zu große Bratlinge formen.
∞ Öl in einer Pfanne erhitzen, die Frikadellen auf beiden Seiten ca. 5 Minuten braten.

Reisauflauf mit Blumenkohl

Zutaten für 4 Portionen
250 g Langkornreis
Salz
1 Blumenkohl
2 Zwiebeln
500 g Fleischtomaten
weißer Pfeffer
50 g Butter
20 g Mehl
¼ Ltr. Gemüsebrühe
1 TL Zitronensaft
2 Eigelb
60 g Emmentaler

Zubereitung
∞ Den Reis in genügend Salzwasser etwa 15-20 Minuten kochen.
∞ Den Blumenkohl putzen, waschen, in Röschen teilen und in Salzwasser etwa 20 Minuten garen.

∞ Die Zwiebeln schälen und in feine Würfel schneiden, 20 g Butter erhitzen und die Zwiebeln darin goldgelb anbraten.

∞ Die Tomaten waschen, Stielansatz entfernen und in dünne Scheiben schneiden.

∞ Eine Auflaufform einfetten, die Hälfte Reis, Zwiebeln und Tomaten hineingeben, salzen pfeffern und den Blumenkohl darauf verteilen, restlichen Reis, Zwiebeln und Tomaten darauf schichten und nochmals würzen.

∞ Die restliche Butter erhitzen, das Mehl anschwitzen und mit der Brühe ablöschen, unter Rühren aufkochen lassen, mit Salz, Pfeffer und Zitronensaft abschmecken.

∞ Den Topf vom Herd nehmen und die Sauce mit Eigelb legieren, die Sauce über den Auflauf gießen, den geriebenen Käse darüber streuen und im vorgeheizten Backofen bei 220 Grad etwa 20 – 25 Minuten backen.

Rosenkohl Pfanne

Zutaten für 4 Portionen

600 g Kartoffeln

1 kg Rosenkohl

3 Möhren

1 Zwiebel

Butterschmalz

1 Ltr. Gemüsebrühe

1 EL Mehl

Salz

Pfeffer

Muskat

Tofu

Zubereitung

∞ Kartoffeln, Rosenkohl und Möhren schälen bzw. putzen. Kartoffeln und Möhren würfeln. Zwiebel schälen und fein hacken.

∞ Alles im heißen Butterschmalz ca. 5 Minuten braten, Mehl unterrühren, würzen und mit der Brühe aufgießen. Zugedeckt 15-20 Minuten köcheln.

∞ Tofu, frisch oder geräuchert, in kleine Würfel schneiden, würzen und in einer kleinen Pfanne goldgelb anbraten.

∞ Gemüse abschmecken und die Tofuwürfel kurz vor dem servieren darüber streuen.

Pizzabrötchen

Zubereitung für 4 Portionen

1 Würfel Hefe

½ TL Zucker

½ TL Salz

500 g Mehl

2 Paprikaschoten

Getrocknete Tomaten

150 g geriebenen Käse

2 TL Pizzagewürz

2 TL Tomatenmark

350 ml Wasser

Zubereitung

∞ Die Hefe zerkrümeln und in einem Schüsselchen mit dem Zucker und ½ TL Salz flüssig werden lassen. Paprika und getrocknete Tomaten in kleine Würfel schneiden.

∞ Alle Zutaten miteinander mischen und auch die flüssige Hefe unterrühren und zu einem Teig verkneten.

∞ Mit 2 Teelöffel auf ein mit Backpapier ausgelegtes Blech kleine Häufchen setzen und anschließend bei 150 – 175 Grad ca. 25 Minuten backen.

Apfel-Milchel mit Mandel-Haube

<u>Zutaten für 4 Portionen</u>

4 altbackene Brötchen
250 ml fettarme Milch
5 Eier
60 g Butter
70 g Zucker
Salz
2 Äpfel
50 g Cranberrys
100 g gehobelte Mandeln
Zimt
3 EL Zucker
50 g Paniermehl
Butter
1 EL Puderzucker

<u>Zubereitung</u>

∞ Brötchen in Würfel schneiden und in der erwärmten Milch einweichen. Eier trennen, Eigelb mit Butter und Zucker schaumig aufschlagen.

∞ Eiweiß mit einer Prise Salz steif schlagen. Brötchenmasse unter die Eimasse geben, das Eiweiß unterheben und die Hälfte des Teiges in eine feuerfeste Form geben.

∞ Äpfel vierteln schälen und in dünne Scheiben schneiden. Apfelscheiben, 50 Gramm Mandelhobel und Cranberrys auf dem Teig verteilen, mit Zimt bestreuen und restlichen Teig darauf geben.

∞ Restliche Mandelhobel mit Paniermehl mischen, auf den Teig geben, einige Butterflocken aufsetzen und im vorgeheizten Backofen bei 200 Grad 45 Minuten backen. Zum Schluss mit Puderzucker bestäuben.

Beeren Grütze

Zutaten

400 g TK Beeren Mischung

30 g Zucker

15 g Speisestärke

1 TL Vanillezucker

125 ml Wasser

Zubereitung

∞ Speisestärke mit etwas von dem Wasser anrühren

∞ Zucker, Vanillezucker und das restliche Wasser in einem Kochtopf zum Kochen bringen.

∞ In die kochende Flüssigkeit die angerührte Speisestärke geben. Unter Rühren aufkochen lassen.

∞ Die Beeren Mischung zugeben und die Grütze wieder aufkochen lassen.

∞ Die fertige Beeren Grütze in Portionsschalen erkalten lassen.

Blaubeerpfannkuchen mit Eis

Zutaten für 8 Portionen

3 Eier

125 g Weizenvollkornmehl

40 g Zucker

200 ml Milch

50 g gehackte Mandeln

1 EL Weinbrand

380 g Blaubeeren

100 g Butterschmalz

500 ml Vanilleeiscreme

Zubereitung

∞ Die Eier trennen und das Eiweiß zu steifen Schnee schlagen.

∞ Eigelb mit dem gesiebten Mehl, Zucker, Milch, den

gehackten Mandeln und dem Weinbrand verrühren, dann das Eiweiß unterheben.

∞ Die Blaubeeren verlesen, vorsichtig waschen, abtropfen lassen und unter den Teig mischen, einige Beeren zur Garnitur beiseite legen.

∞ Butterschmalz in einer Pfanne erhitzen und aus dem Teig nach und nach 16 kleine Pfannkuchen darin backen.

∞ Die Pfannkuchen auf Tellern anrichten, Vanilleeiskugeln ausstechen und auf die Pfannkuchen setzen und mit den Blaubeeren garnieren.

Chinesische Pfannkuchen

Zutaten für 4 Portionen

¼ Ltr. Gemüsebrühe

1 EL Maisstärke

1 TL Sojasauce

Zucker

½ TL Sesamöl

1 kleine Frühlingszwiebel

100 g Bohnensprossen

4 Eier

120 g Krabben

3 EL Öl

Zubereitung

∞ In einer kleinen Pfanne Gemüsebrühe, Maisstärke, Sojasauce und Zucker gut verrühren und unter ständigem Rühren zum Kochen bringen. Das Sesamöl zugeben, vom Herd nehmen und warm stellen.

∞ Den grünen Teil von der Frühlingszwiebel putzen, waschen und fein hacken und die Bohnensprossen grob hacken.

∞ Die Eier, Krabben, Bohnensprossen und das Zwiebelgrün gut vermischen.

∞ In einer großen Pfanne 1 EL Öl erhitzen, für jeden Pfannkuchen 3-4 EL der Eimischung in die Pfanne geben.

∞ Wenn genügend Platz ist, gleich 3 Pfannkuchen etwa 2 Minuten goldbraun braten, wenden und auf der zweiten Seite wiederholen.

∞ Mit der restlichen Eimischung ebenso verfahren, auf Teller anrichten und die Sojasauce darüber verteilen.

Bayerische Dampfnudeln mit Vanillesoße

Zutaten für 4 Portionen

40 g Hefe

750 ml lauwarme Milch

500 g Mehl

110 g Butter

110 g Zucker

1 Ei

1 Prise Jodsalz

1 Pck. Vanillezucker

700 ml Milch

2 EL Zucker

1 Pck. Vanillezucker

Zubereitung

∞ Hefe in 250 ml Milch auflösen und zugedeckt ca. 15 Minuten gehen lassen. Hefe-Milch mit Mehl. 50 g Butter, 50 g Zucker, Ei und Salz zu einem Teig verkneten und zugedeckt ca. 45 Minuten ruhen lassen. Aus dem Teig 8 Knödel formen.

∞ In zwei Töpfen jeweils 250 ml Milch, 30 g Zucker und 30 g Butter aufkochen. In jeden Topf 4 Knödel hineingeben und zugedeckt ca. 35 Minuten im Dampf garen lassen.

∞ Für die Vanillesauce Puddingpulver mit 6 Esslöffeln Milch verrühren, Restliche Milch mit Zucker und Vanillezucker aufkochen. Angerührtes Puddingpulver in die Milch einrühren und noch einmal aufkochen.

Bratapfel mit Walnüssen

<u>Zutaten für 4 Portionen</u>

4 säuerliche Äpfel

2 EL Butter

50 g gemahlene Walnüsse

100 g Marzipan-Rohmasse

2 EL gehackte Walnüsse

2 EL Creme fraiche

1 Pck. Vanillepulver

500 ml Milch

2 EL Zucker

Zimt

Anis

<u>Zubereitung</u>

∞ Äpfel waschen und ausstechen. Die Äpfel erst in der Butter, anschließend in den gemahlenen Walnüssen wenden und in eine backofengeeignete Form setzen.

∞ Marzipan, gehackte Walnüsse und Creme fraiche vermischen, in die Äpfel füllen und im vorgeheizten Backofen bei 200 Grad ca. 40 Minuten garen.

∞ Soßenpulver in etwas Milch und Zucker anrühren. Übrige Milch aufkochen. Angerührtes Soßenpulver einrühren, kurz aufkochen lassen, mit Zimt und Anis verfeinern und zu den Bratäpfeln servieren.

Bananen Shake

<u>Zutaten für 4 Portionen</u>

4 große Kugeln Vanille Eis

130 ml Provamel Bio Soja Drink Vanille

2 Bio Bananen, geschält und in Stücke geschnitten

2 rote Johannisbeeren

7 Eiswürfel

<u>Zubereitung</u>

- ∞ Geben sie alle Zutaten in einem Mixer oder eine Küchenmaschine und mixen sie alles, bis ein dickflüssiges Getränk entsteht
- ∞ Fügen sie ein paar Eiswürfel hinzu, wenn die Mischung zu dick sein sollte.
- ∞ Die roten Johannisbeeren sorgen für einen frischen säuerlichen Geschmack.

Apfel-Muffins mit Limone und Melisse

<u>Zutaten für 4 Portionen</u>

2 Bio Äpfel

250 g Mehl

133

14 g Weinsteinbackpulver

1 Messerspitzte Gemahlene Vanille

100 ml Sonnenblumenöl

1 Messerspitze gemahlenen Ceylon Zimt

250 g Provamel Soja

80 ml Agavendicksaft

<u>Zubereitung</u>

- ∞ Die kleinen Äpfel schälen, das Kerngehäuse ausstechen und fein würfeln.
- ∞ Anschließend alle Zutaten vorsichtig vermengen und gleichmäßig in die 6 Förmchen einer Silikon Muffin Backform füllen.
- ∞ Die Muffins im vorgeheizten Ofen 180 Grad mit Unter- und Oberhitze in ca. 25 Minuten fertig backen.
- ∞ Die kalten Muffins mit etwas Puderzucker bestäuben.

Helles Tiramisu

<u>Zutaten für 4 Portionen</u>

¼ TL Agar-Agar

80 ml Provamel Bio Soja Cuisine

130 g Ricotta Frischkäse

125 g Provamel Bio Soja Dessert Vanille

2 Tassen Espresso

2 EL Amaretto

½ Päckchen Löffelbiskuits

Kakaopulver

Einige Himbeeren und Johannisbeeren

Zubereitung

- ∞ Weichen sie das Agar-Argar in 2 EL Bio Soja ein. Kochen sie das restliche Bio Soja und geben sie das Agar-Agar hinzu, bis sich dieses aufgelöst hat.
- ∞ Geben sie anschließend den Ricotta unter das Provamel Bio Soja Dessert und mischen sie dies mit der Soja Cuisine Mischung.
- ∞ Verrühren sie den Kaffee mit dem Amaretto und tauchen sie die Löffelbiskuits kurz darin ein, bis sie sich vollgesaugt haben.
- ∞ Legen sie in eine Schüssel zuerst eine Schicht Löffelbiskuits, dann eine Schicht Ricotta Mischung und arbeiten sie so weiter. Schließen sie das Ganze mit einer Schicht Ricotta Mischung ab.
- ∞ Stellen sie alles für einige Stunden in den Kühlschrank und streuen sie vor dem Servieren eine Schicht Kakaopulver über das Tiramisu.
- ∞ Garnieren sie das Tiramisu mit Himbeeren und Johannisbeeren.

Vollkornmüsli mit frischen Früchten

<u>Zutaten für 4 Personen</u>

2 Äpfel

2 TL Zitronensaft

200 g Kirschen

200 g Erdbeeren

200 g Himbeeren

200 g Heidelbeeren

16 EL Kornflockenmischung mit Rosinen

4 EL Honig

400 ml Soja Drink

<u>Zubereitung</u>

∞ Früchte waschen und abtropfen lassen. Äpfel entkernen und in mundgerechte Stücke schneiden.
∞ Auf 4 Schälchen verteilen. Zitronensaft darüber träufeln.
∞ Kirschen entsteinen und zusammen mit den Erdbeeren, Himbeeren, Heidelbeeren und der Müslimischung ebenfalls auf die Schälchen verteilen.
∞ Honig und den Soja Drink darüber gießen.

Müsli mit frischen Früchten

Zutaten für 4 Portionen

2 Bananen

2 Kiwis

2 Orangen

200 g Erdbeeren

400 g Bio Soja Jogurt Alternative

160 g Müslimischung

4 EL Honig

Zubereitung

- ∞ Müslimischung auf vier Schalen verteilen. Bananen, Kiwi und Orangen schälen und in mundgerechte Stücke schneiden.
- ∞ Die Erdbeeren waschen und halbieren.
- ∞ Das Obst mit Bio Soja Jogurt Alternative Natur vermischen und über das Müsli geben.
- ∞ Auf Wunsch mit Honig verfeinern.

Mediterrane Gemüsebrühe

Zutaten für 4 Portionen:

2 Möhren

2 Fenchelknollen

4 Stangen Staudensellerie

6 Tomaten

2 rote Zwiebeln

2 Knoblauchzehen

3 EL Olivenöl

3 Stiele Basilikum

10 schwarze Pfefferkörner

1 Prise Safranfäden

4 Lorbeerblätter

Zubereitung:

∞ Möhren, Fenchel und Sellerie waschen, putzen, Sellerie eventuell entfädeln. Alle Gemüse grob zerkleinern. Tomaten waschen und klein schneiden.

∞ Zwiebeln ungeschält halbieren. Knoblauchzehen schälen und mit einem Messerrücken zerdrücken.

∞ Olivenöl in einem großen Topf erhitzen. Fenchel, Möhren, Sellerie, Tomaten, Zwiebeln und Knoblauch bei kleiner Hitze unter häufigem Rühren 10 Minuten andünsten.

∞ 4 Ltr. Wasser dazugeben und zum Kochen bringen.

∞ Eventuell auftretenden Schaum mit einer Schaumkelle abschöpfen.

∞ Basilikum abspülen, trockenschütteln und mit Pfefferkörnern, Safran sowie Lorbeerblättern in den Topf geben. Bei mittlerer Hitze zugedeckt etwa 1 Stunde kochen lassen.

∞ Die Flüssigkeit durch ein feines Sieb in einen 2. Topf geben. Bei starker Hitze auf etwa 1 300 ml einkochen lassen.

Schwimmendes Klassenzimmer

Zutaten für 4 Portionen:

1 Möhre

1 Zucchini

200 g Cocktailtomaten

1 Buchstabensuppe

100 g tiefgefrorene Erbsen

750 ml Wasser

Zubereitung:

∞ Möhren schälen, Zucchini putzen und waschen. Mit einem kleinen Kugelausstecher „Perlen" aus dem Gemüse herausschneiden.

∞ Gemüsereste fein hacken. Cocktailtomaten mit kochendem Wasser übergießen und die Haut abziehen.

∞ 750 ml Wasser in einem Topf aufkochen. Buchstabensuppe einrühren. Möhren- und Zucchiniperlen zugeben und bei schwacher Hitze 5 Minuten kochen.

∞ Die tiefgekühlten Erbsen und die Gemüsereste zugeben und weitere 5 Minuten garen.

∞ Cocktailtomaten zugeben und heiß werden lassen.

Kürbissuppe

Zutaten für 4 Portionen:

1 große Zwiebel, gewürfelt

1/2 Knoblauchzehe, klein geschnitten

1 Stück Ingwer, klein geschnitten

2 Stängel Zitronengras

2 Kafir Limettenblätter

1 ½ kg Kürbis

2 Dosen Kokosmilch

3 EL Gemüsebrühe, instant

Salz

Pfeffer

1 EL Curry

Olivenöl

1 Chilischote

Zubereitung:

∞ Die klein geschnittene Zwiebel, Knoblauch und Ingwer in etwas Olivenöl andünsten. Jetzt ca. einen Esslöffel Curry kurz mitbraten.
∞ Zerkleinertes Kürbisfleisch zufügen, kurz anbraten. Mit Gemüsebrühe knapp bedecken und Zitronengras und Limonen Blätter beigeben.
∞ Solange kochen, bis der Kürbis weich ist. Zitronengras und Limonen Blätter entfernen und das Ganze pürieren.
∞ Kokosmilch zugießen, aufkochen und mit Salz und Pfeffer abschmecken. Eventuell kann dem Ganzen noch eine klein geschnittene Chilischote beigefügt werden.

Käferbohnensalat

Zutaten für 4 Portionen:

300 g Käferbohnen

1 TL Kümmel

2 Lorbeerblätter

3 rote Zwiebeln

350 g Butternusskürbis

4 EL Zitronensaft

2 EL Kürbiskern Öl

3 EL kalt gepresstes Sonnenblumenöl

Salz

Pfeffer

Zubereitung:

∞ Die Bohnen über Nacht in reichlich Wasser einweichen. Abgießen und abspülen. In frischem Wasser mit Kümmel und Lorbeer etwa 1 1/2 Stunden garen.
∞ Bohnen abgießen. In eine Schüssel geben. Abkühlen lassen. Eine Zwiebel fein würfeln, restliche Zwiebeln in feine Ringe hobeln. Kürbis schälen, Kerne mit einem Löffel herauskratzen.
∞ Fein hobeln. Zitronensaft mit den Ölen verrühren. Kürbis, Bohnen, Zwiebelringe und –Würfel mit dem Dressing vermengen. Kräftig mit Salz und Pfeffer würzen.
∞ 10 Minuten bei Zimmertemperatur ziehen lassen.

Indischer Kartoffel-Linsen Salat mit Cashew Curry Creme

Zutaten für 4 Personen:

1 kg Kartoffeln

1 rote Zwiebel

2 Karotten

150 g Cashew Kerne

4 EL Olivenöl

2 Dosen grüne Linsen

150 g Cashemus

250 ml Wasser

2 EL Zitronensaft

1 EL Vollrohrzucker

1 EL Meersalz jodiert

1 TL Kräutersalz

1 Bund Petersilie

2 rote Chilis

2 EL Curry

Zubereitung:

∞ Kartoffeln waschen und in einem großen Topf ca. 15 Minuten bissfest kochen; abkühlen lassen; Zwiebel schälen, vierteln und in Ringe schneiden.

143

∞ Karotten schälen und diagonal Scheiben schneiden. Kartoffeln in 1 cm dicke Scheiben schneiden.

∞ Cashew Kerne in einer Pfanne 3 Minuten anrösten, bis sie leicht Farbe bekommen haben; aus der Pfanne nehmen, 4 EL Olivenöl hineingeben und Karotten eine Minute anbraten.

∞ Zwiebeln dazugeben und weitere 2 Minuten braten. Kartoffelscheiben dazugeben und 2 Minuten weiterbraten.

∞ Linsen abtropfen lassen und dazugeben, umrühren und vom Herd nehmen.

∞ Cashewmus mit Wasser, Zitronensaft, Currypulver, Vollrohrzucker, Salz und Kräutersalz im Mixer pürieren und zur Linsen Pfanne geben, umrühren und 20 Sekunden aufkochen, bis das Cashewmus andickt; vom Herd nehmen.

∞ Petersilie waschen, fein hacken und unter den Pfanneninhalt heben. Chili waschen in feine Streifen schneiden; Salat mit Cashew Kernen und Chilistreifen garnieren.

Eintopf mit roten Linsen, Kidneybohnen und Kartoffeln

Zutaten für 4 Portionen:

1 große Zwiebel

2 Knoblauchzehen

Öl

250 g Linsen

3 Kartoffeln

1 Dose Kidneybohnen

1 Dose Mais

500 g passierte Tomaten

1 Chilischote

Salz

Pfeffer

Kreuzkümmel

Paprikapulver

Chilipulver

Zucker

Rigatoni- Auflauf mit Artischocken und Paprika

Zutaten für 4 Portionen:

500 g Rigatoni

4 Gläser Artischockenherzen in Öl

2 rote Zwiebeln

2 rote Paprika

200 Haselnussmus

100 g Tomatenmark

1 EL Thymian getrocknet

1 TL Rohrzucker

1 EL Pesto Verde

250 ml Wasser

3 EL Delikatessbrühe

2 EL Olivenöl

1 EL Crema di Aglio

1 Bund Basilikum

Mandelcreme:

50 g weißes Mandelmus

60 ml Wasser

1 EL Meersalz jodiert

Zubereitung:
- ∞ Backofen auf 250 Grad vorheizen.
- ∞ Pasta in kochendem Salzwasser kochen.
- ∞ Artischockenherzen abtropfen lassen und in feine Streifen schneiden. Zwiebeln schälen und fein hacken. Paprika waschen, halbieren, entkernen und in feine Stücke schneiden. Haselnussmus mit Tomatenmark, Thymian, Rohrzucker, Pesto Verde,

- ∞ Wasser und Delikatessbrühe mit Schaumbesen cremig rühren.
- ∞ Olivenöl in einer Pfanne erhitzen und Zwiebeln, Crema di Aglio und Paprika, unter mehrmaligem Umrühren, 7 Minuten anbraten.
- ∞ Haselnusscreme mit Pasta und Gemüse vermengen und in eine kleine Auflaufform geben, im Backofen bei 250 Grad 11 Minuten backen.
- ∞ In der Zwischenzeit Mandelmus mit Wasser und Salz vermengen, nach 11 Minuten Backzeit auf dem Auflauf verteilen und erneut 7 Minuten backen, bis die Mandelcreme leicht Farbe bekommen hat.
- ∞ Basilikum waschen, in Streifen schneiden und Auflauf damit garnieren.

Tomaten Quiche

Zutaten für den Teig für 4 Portionen:

1 kg Weizenvollkornmehl

500 g vegane Margarine

400 ml Wasser

2 EL Meersalz

Zutaten für die Füllung:

1500 g Seiden Tofu

1500 g Cherrytomaten

8 EL Olivenöl

8 EL Speisestärke

4 TL Meersalz

4 TL Kurkuma

1 Prise Muskat, frisch gerieben

Pfeffer

4 TL Thymian

4 TL Oregano

4 EL Schnittlauch

12 EL Basilikum

Zubereitung:

∞ Für den Quiche Teig alle Teigzutaten zu einem glatten Teig verarbeiten und abgedeckt 30 Minuten im Kühlschrank ruhen lassen.
∞ Für die Füllung die Tomaten waschen, gut abtrocknen, halbieren und beiseite stellen.
∞ Den Seidentofu mit dem Öl, der Speisestärke dem Salz und den Gewürzen zu einer cremigen Masse pürieren.
∞ Die frischen Kräuter waschen, trocken schütteln, fein hacken und in die Füllung einrühren.
∞ Den Teig auf einem großem Stück Backpapier auf Größe einer Quiche Form mit Rand ausrollen und mit dem Backpapier in die Quiche Form gleiten lassen. Den Teig an die Form andrücken und den Rand ebenfalls fest andrücken.

∞ Bei 220 Grad Ober- und Unterhitze 11 Minuten vorbacken. Anschließend die Füllung auf dem Teig verteilen und die Füllung mit den halbierten Tomaten mit der Hautseite nach unten belegen.

∞ Die Quiche bei 200 Grad für weitere 22 Minuten backen und anschließend die Temperatur auf 175 Grad reduzieren und die Quiche weitere 15 Minuten fertigbacken.

∞ Die Quiche vor dem Anschneiden 15 Minuten ruhen lassen und dann servieren.

Basischer Wirsingtopf mit Karotten

Zutaten für 4 Portionen:

800 g Wirsing

500 g Karotten

150 ml Wasser

3 TL Pflanzen Margarine

3 Zwiebeln

Salz

Pfeffer

Zubereitung:

∞ Die Karotten putzen, schrappen, waschen und in dünne Scheiben schneiden.

∞ Die Zwiebeln halbieren und ebenfalls in dünne Scheiben schneiden.

∞ Die äußeren Blätter vom Wirsing entfernen, den Kohl vierteln und den Strunk herausschneiden. Anschließend den Kohl waschen und in Streifen schneiden.

∞ Butter in einem Topf zerlassen und die Zwiebel- und Karottenscheiben darin anschmoren. Das Wasser hinzugießen und das Gemüse etwa 35 Minuten gar dünsten lassen.

∞ Mit Salz und Pfeffer abschmecken.

Orientalische Hirse Bratlinge

Zutaten für die Bratlinge für 4 Portionen:

400 g Speisehirse

900 ml Wasser

2 Dosen Kichererbsen

2 EL Johannisbrotkernmehl

3 Zwiebeln, fein gehackt

70 g Petersilie, fein gehackt

1 EL Meersalz

1 EL Zimt

1 EL Kreuzkümmel

2 EL Pesto Verde

Für den Dip:

700 g Sojajogurt

200 g Curry Ketchup

1 EL Pesto Verde

3 EL Delikatessbrühe

½ Bund Petersilie, fein gehackt

Zubereitung:

∞ Die Hirse in einem feinen Sieb kurz abspülen und mit dem Wasser und etwas Salz in einem kleinen Topf geben. Einmal aufkochen lassen und dann ca. 15 Minuten bei mittlerer Hitze köcheln lassen.

∞ Anschließend im Sieb abtropfen lassen. Die Kichererbsen im Sieb kurz abspülen.

∞ Die Hirse, die Kichererbsen, das Johannisbrotkernmehl, die Hälfte der Zwiebel und etwas Petersilie im Mixer oder mit Pürierstab grob durchpürieren.

∞ Die restliche Petersilie, die Zwiebel, die Gewürze und das Pesto dazu geben und mit den Händen gut durchkneten, bis ein klebriger Teig entsteht.

∞ Den Teig zu kleinen Bouletten formen und in reichlich Olivenöl in einer Pfanne bei mittlerer bis hoher Hitze ca. 6 Minuten von jeder Seite anbraten und anschließend auf Küchenpapier abtropfen lassen.

∞ Für den Dip alle Zutaten miteinander vermengen. Die Petersilie darunter heben. Die Bratlinge mit Dip servieren.

Gemüse Tofu Auflauf

Zutaten für 4 Portionen:

4 EL Kokosfett

4 Zwiebeln

8 große gekochte Kartoffeln

1 200 g Brokkoli

4 Fleischtomaten

1 Ltr. Sojamilch

70 g Mehl

100 g Pflanzenmargarine

1 EL Senf

200 g Räuchertofu

Salz

Pfeffer

Currypulver

Muskat

120 g Hefe

Chilisoße

Fett

Zubereitung:

∞ In einem Kochtopf das Kokosfett erhitzen. Zwiebeln abziehen, klein würfeln und in dem Topf geben.

Ca. 2 Minuten leicht anbraten.

∞ Zerkleinertes frisches Gemüse zu den Zwiebeln in den Topf geben. Mit 1 Schuss Sojasauce, weißem Pfeffer, Muskatblüte, Salz und Currypulver würzen.

∞ Den Räuchertofu in ca. 2 cm lange und 1 cm dicke Stücke schneiden und mit in den Topf geben. Deckel aufsetzen und das Ganze auf niedriger Temperatur ca. 11 Minuten dünsten.

∞ Eine Auflaufform leicht einfetten. Die gekochten Kartoffeln in halbe Scheiben schneiden und in die Auflaufform geben. Salzen und pfeffern und Muskatblüte untermischen.

∞ Die Gemüse Tofu Mischung ebenfalls in die Auflaufform geben und alles gut vermischen. Die Tomaten in Scheiben schneiden und oben darauf legen, leicht salzen und pfeffern.

∞ Den Backofen auf 180 Grad vorheizen.

∞ In einer kleinen Pfanne die Margarine erhitzen. Mehl hinein geben und mit kleinem Schneebesen eine Mehlschwitze durch ständiges Rühren zubereiten.

∞ Sobald das Mehl anfängt leicht zu bräunen, mit der Sojamilch ablöschen und kontinuierlich weiterrühren, damit sich keine großen Klümpchen bilden.

∞ Senf, Pfeffer, Salz und Muskatblüte sowie 2 Spritzer Chilisauce zugeben und unterrühren. Ganz am Schluss die Hefewürfelflocken einrühren.

∞ Die Hefeschmelz Mischung nun über die Tomaten oben in der Auflaufform geben. Ein wenig mit einer Gabel leicht oberflächlich einarbeiten, nicht komplett durchmischen.

∞ Auflaufform auf der mittleren Schiene in den Backofen schieben und solange backen, bis die Oberfläche hellbraun geworden ist. Es dauert etwa 30 bis 45 Minuten.

Tortilla Chips mit Avocado Creme, Paprika, Chili, Frühlingszwiebel und Cashew Cheese

Zutaten für 4 Portionen:

5 Avocados

3 EL frisch gepressten Zitronensaft

Meersalz

Schwarzen Pfeffer

200 g Cashewmus

100 ml Wasser

400 g Tortilla Chips

1 rote Paprika

1 gelbe Paprika

3 Chilis

3 Frühlingszwiebeln

Zubereitung:

- ∞ Avocados halbieren, Kern entfernen und das Fruchtfleisch mit einem Löffel auslöffeln.
- ∞ Zitrone auspressen und Avocado Fleisch mit Zitronensaft glatt pürieren, mit Salz und Pfeffer würzen.
- ∞ Cashewmus mit Wasser vermengen und mit Salz abschmecken.
- ∞ Paprikas waschen, entkernen und vierteln in feine Streifen schneiden. Chilis und Frühlingszwiebeln abspülen und nacheinander in feine Streifen schneiden.
- ∞ Tortilla Chips auf einen Teller geben und mit Paprikastreifen vermengen. Avocadocreme darüber löffelweise verteilen; mit Cashew Cheese toppen und mit Frühlingszwiebeln und Chilis garnieren.
- ∞ Noch etwas frisch gemahlenen schwarzen Pfeffer darüber geben.

Backkartoffeln mit Kerbel

Zutaten für 4 Portionen:

600 g Tofu

100 ml Sojamilch

9 große Kartoffeln

4 Schalotten

4 Handvoll Kerbel

3 Bund Radieschen

2 Knoblauchzehen

2 TL Olivenöl

Kristallsalz

Weinessig

Cayennepfeffer

Zubereitung:

∞ Die Kartoffeln waschen, abtropfen lassen und an den Oberseiten kreuzweise einritzen. 9 Stücke Alufolie mit Olivenöl bestreichen, mit Kristallsalz bestreuen und die Kartoffeln in die Mitte setzen.

∞ Die Folie nach oben ziehen falzen und die Kartoffeln bei 230 Grad etwa 45 Minuten backen.

∞ Schalotten und Knoblauch fein würfeln, Knoblauch mit etwas Kristallsalz bestreuen und zerdrücken. Kerbel grob hacken. Die Radieschen in feine Streifen schneiden.

∞ Den Tofu im Mixer mit der Sojamilch, einem Schuss Essig und Olivenöl pürieren. Kerbel, Schalotten, Knoblauch und Radieschen zufügen, mit Kristallsalz und Cayennepfeffer pikant abschmecken.

∞ Zu den Kartoffeln servieren.

Gyros Medaillons mit Bohnensalat und Tsatsiki

Zutaten für 4 Portionen:

250 g Sojamedaillons

4 EL Weizenstärke

1 EL Hefeflocken

2 EL Grill Gewürzmischung

1 TL Salz

1 TL Paprikapulver

8 EL Pflanzenöl

2 Knoblauchzehen

500 g Sojaghurt natur

1 Bund Dill

½ Salatgurke

1 EL Agavendicksaft

Salz

Pfeffer

1 000 g grüne Bohnen

2 Frühlingszwiebeln

3 EL Weinessig

2 EL Olivenöl

schwarzen Pfeffer

Zubereitung:

∞ Die Sojamedaillons in einer Schüssel mit reichlich kochendem Wasser überbrühen und 10 Minuten einweichen. Herausnehmen, sehr gut ausdrücken und auf Küchenpapier trocknen lassen.

∞ Für den Dip den Knoblauch schälen und durch die Presse zum Sojaghurt geben. Den Dill waschen, trocken tupfen und hacken. Die Salatgurke schälen und fein reiben. Alles mit dem Sojaghurt verrühren und mit Agavendicksaft, Salz und Pfeffer abschmecken. Kalt stellen.

∞ Die Bohnen waschen, putzen, schräg in 4 cm lange Stücke schneiden und in reichlich kochendem Salzwasser in 5-7 Minuten kochen.

∞ Die fertigen Bohnen abgießen und mit kaltem Wasser abschrecken.

∞ Die Frühlingszwiebeln putzen, waschen, in feine Ringe schneiden und mit den Bohnen mischen. Aus Essig, Öl, Salz und Pfeffer ein Dressing rühren und unter den Salat heben.

∞ Für die Medaillons Stärke, Hefeflocken und Gewürze verrühren. Unter stetigen Rühren ca. 150 ml Wasser zugeben. Die Panade über die Medaillons gießen und mit den Händen gut einarbeiten.

∞ Das Öl in einer Pfanne erhitzen und die Medaillons darin bei mittlerer Hitze von jeder Seite 3-4 Minuten braten.

∞ Mit Salat und Dip servieren.

Bunte Gemüsepfanne mit Erdnusssauce

Zutaten für 4 Portionen:

4 Frühlingszwiebeln

150 Champignons

2 Staudensellerie

1 Paprika

2 Karotten

100 g Zuckerschoten

100 g Brokkoli

2 EL Bratfett

Für die Erdnusssauce:

2 EL Bratfett

1 Schalotte

100 g Erdnussmus

4 EL Gemüsebrühe

1 Dose Tomatenmark

1 TL frischem Ingwer

Meersalz

Pfeffer

Curry

Cayennepfeffer

Thymian

250 g Reis

Zubereitung:

∞ Das Gemüse putzen und waschen. Frühlingszwiebeln, Champignons, Staudensellerie, Paprika und die geschälten Karotten in sehr dünne Scheiben schneiden.

∞ Von den Zuckerschoten die Enden abknipsen und den Brokkoli in kleine Röschen teilen.

∞ Eine Pfanne mit dem Bratfett auspinseln und erhitzen. Das Gemüse darin portionsweise unter ständigem Rühren je etwa 4 Minuten anbraten, herausnehmen.

∞ Für die Sauce die fein gehackte Schalotte in Bratfett andünsten, Erdnussmus dazugeben und mit Gemüsebrühe ablöschen.

∞ Tomatenmark, fein gehackten Knoblauch, frisch geriebenen Ingwer und die Gewürze zugeben und ca. 12 Minuten köcheln lassen.

∞ Das Gemüse zur Sauce dazugeben, alles bei starker Hitze kurz aufkochen lassen und mit Reis servieren.

Nudeln mit Tomatensauce

Zutaten für 4 Portionen:

600 g Nudeln

600 g Cherrytomaten

100 g Datteln

50 g Cashewnüsse

2 Zehen Knoblauch

125 g Rucola

½ Ltr Gemüsebrühe

50 g Tomatenmark

1 Bund Frühlingszwiebeln

1 Bund Petersilie

Salz

Pfeffer

Oregano

etwas Kresse

Prise Zucker

Öl

250 ml Wasser

Zubereitung:

∞ Die Nudeln kochen, abgießen und einen Schuss Öl darüber geben.

∞ Frühlingszwiebeln in Ringe schneiden, Knoblauch in kleine Würfel, Datteln in Stücke schneiden.

∞ Tomaten halbieren und vierteln. In einer Pfanne mit hohem Rand die Cherrytomaten anbraten, danach Datteln, Cashewkerne, Frühlingszwiebeln und Knoblauch dazugeben.

∞ ¼ Liter warmes Wasser in eine Schüssel füllen, einen TL Brühe und das Tomatenmark dazugeben und mit einer Gabel gut verrühren.

∞ Die Flüssigkeit in die Pfanne gießen, 1-2 Minuten köcheln lassen und dann die restlichen Kräuter in die Sauce streuen.

∞ Am Ende den Rucola unterheben, kurz die Pfanne abgedeckt auf kleiner Flamme stehen lassen und danach die Nudeln hineingeben.

Lasagne

Zutaten für 4 Portionen:

500 g fester Tofu

400 g Sojahack

150 g Erbsen

700 g Pastasauce

1 EL Zitronensaft

2 TL frischen Basilikum, gehackt

½ TL Salz

½ TL Knoblauch

4 EL Olivenöl

1 Packung Lasagne Nudelteigplatten

veganer Parmesan

Zubereitung:

∞ Zitronensaft, Basilikum, Salz, Knoblauch und Tofu mischen. Das Sojahack in einer großen Pfanne im Olivenöl anbraten, und beiseite stellen.

∞ Die Nudelteigplatten kochen. Danach etwas Tomatensauce auf den Boden geben. Darauf eine Nudelschicht und jeweils etwas Tofumischung, Hack und Erbsen verteilen.

∞ Weiter gleichmäßig Schicht für Schicht belegen. Die letzte Nudelschicht mit Sauce abschließen und auf Wunsch mit veganem Parmesan bestreuen. Mit Alufolie abdecken und etwa eine Stunde bei 180 Grad backen.

Pizza Green Orange mit Hokkaido Streifen und Pesto Verde

Zutaten für 4 Portionen:

4 Pizzaböden aus der Packung

500 g Kürbis

100 g Räuchertofu

200 g Pesto Verde

50 g Cashewbruch

6 EL Olivenöl

Meersalz

Zubereitung:

- ∞ Kürbis waschen, entkernen und mit einem Schäler hauchdünne Streifen abhobeln.
- ∞ Räuchertofu in kleine Würfel schneiden. Alles in eine Schale geben, mit Olivenöl vermengen und etwas Salz hinzugeben.
- ∞ Pesto gleichmäßig auf die Pizzaböden streichen. Kürbis und Tofu auf den Pizzen verteilen.
- ∞ Im vorgeheizten Backofen bei 250 Grad auf oberster Schiene ca. 10-12 Minuten backen, bis die Kürbis leicht Farbe bekommen hat.
- ∞ Cashewkerne grob hacken und damit die fertige Pizza bestreuen.

Tofuspieße mit roter Curry Kokosnuss Sauce

Zutaten für 4 Portionen

125 ml ungesüßte Kokosmilch

6 grüne Kardamomschoten, zerkleinert

1 TL frische Limettenblätter, klein gehackt

1 Knoblauchzehe

1 EL brauner Zucker

1 EL Limettensaft

1 EL rote Currypaste

Salz

250 g fester Tofu, in 2 cm große Würfel geschnitten

1 Aubergine, in 3 cm Würfel geschnitten

250 g Pilze

2 rote Paprika, in Würfel geschnitten

2 EL Pflanzenöl

1 EL geröstetes Sesamöl

schwarzer Pfeffer

1 Packung Holzspieße

Zubereitung:

∞ Tofu, Aubergine, Pilze und Paprika auf die Spieße stecken. Die Öle vermischen und dann das Gemüse damit bepinseln und mit Salz und Pfeffer würzen.

∞ Auf jeder Seite 5 Minuten grillen, bis das Gemüse und der Tofu leicht angebräunt sind.

∞ Für die Sauce die restlichen Zutaten in einem kleinen Topf geben, aufkochen und etwa 10 Minuten kochen lassen. Den Herd abschalten und abgedeckt weitere 15 Minuten ziehen lassen.

∞ Dann durch ein Sieb alles abseihen und die Sauce aufheben. Eventuell nachwürzen.

∞ Spieße mit der zubereiteten Sauce als Dip servieren.

Spargel mit Sauce Hollandaise

Zutaten für 4 Portionen:

800 g Kartoffeln

1 kg weißer Spargel

Salz

200 g Räuchertofu

2 EL Pflanzenöl

½ Zitrone

1 EL Margarine

1 EL weißes Mandelmus

4 EL Hefeflocken

1 TL Guarkernmehl

½ TL Kala Namak

1 TL Agavendicksaft

gemahlener weißer Pfeffer

1 Stängel Dill

Zubereitung:

∞ Für das Gemüse die Kartoffeln gründlich waschen. Den Spargel schälen, die holzigen Enden abschneiden.

∞ Die ungeschälten Kartoffeln in wenig Salzwasser in 20-25 Minuten gar kochen.

∞ Den Spargel in einem zweiten Topf in 5-10 Minuten in Salzwasser nicht zu weich kochen.

∞ Inzwischen den Räuchertofu quer in 0,5 cm dicke Scheiben schneiden. Das Öl in einer weiten Pfanne erhitzen und die Tofuscheiben darin bei mittlerer Hitze in 1-2 Minuten pro Seite knusprig braten.

∞ Für die Sauce Hollandaise die Zitronenhälfte auspressen. Den Saft mit Margarine, Mandelmus, Hefeflocken, Guarkernmehl. Agavendicksaft und 300 ml heißem Wasser in einen Mixer geben und ca. 2 Minuten auf höchster Stufe mixen, bis die Sauce cremig ist. Die Sauce mit Salz und Pfeffer abschmecken.

∞ Den Dill waschen, trocken tupfen und vom Stängel zupfen. Kartoffeln und Spargel abgießen.

∞ Den Tofu zusammen mit Kartoffeln, Spargel und Sauce servieren und mit dem Dill garnieren.

Kartoffelpuffer mit Zucchini

Zutaten für 4 Portionen:

300 g Kartoffeln

100 g Zucchini

10 g Eiersatz

40 ml Wasser

2 EL Weizen Vollkornmehl

1 TL Gemüsebrühe

Muskat

Kokosöl zum Braten

Zubereitung:

∞ Gewaschene und geschälte Kartoffeln reiben und auf ein Sieb zum Abtropfen geben. Gewaschene Zucchini mittelfein reiben.

∞ Den Eiersatz mit Wasser verrühren und schaumig schlagen, dann mit der Kartoffel- und Zucchini Masse gut verrühren, das Weizenvollkornmehl darunter mengen, mit Muskat und Brühgewürz abschmecken. Alles ca. 30 Minuten quellen lassen.

∞ Das Kokosöl in der Pfanne erhitzen und die Kartoffelmasse mit einem Löffel in 4 Portionen in die Pfanne setzen. Die Kartoffelpuffer von beiden Seiten goldbraun braten.

Cannelloni mit Mangold Erdnuss Füllung

Zutaten für 4 Portionen:

500 g Mangold

2 EL Olivenöl

2 EL Erdnussmus

180 g frischer Ricotta

Kräutersalz

frisch gemahlenen schwarzen Pfeffer

12 Cannelloni Rollen

750 g ml Bechamelsauce

75 g Pasta Käse

Zubereitung:

∞ Den Mangold putzen, waschen und grob hacken.
∞ Einen Esslöffel Olivenöl mit wenig Wasser 10 Minuten dünsten. Gut abtropfen lassen, mit Erdnussmus und Ricotta vermischen, mit Salz und Pfeffer würzen. Die Masse in die Cannelloni Rollen füllen.
∞ Eine feuerfeste Form mit dem restlichen Öl einfetten, die Cannelloni nebeneinander einlegen und die Bechamelsauce darüber gießen.
∞ Mit dem Pasta Käse bestreuen und im vorgeheizten Backofen bei 200 Grad etwa 40 Minuten überbacken.

Pizza mit Hefeschmelz

Zutaten für 4 Portionen:

400 g Dinkelvollkornmehl

40 g Hefe

200 ml Wasser

6 EL Olivenöl

Salz

etwas Zucker

8 EL Hefeflocken

4 EL Margarine

6 TL Weizenmehl

1 EL Senf

200 ml Tomatensauce

Rosmarin

Oregano

1 Paprikaschote

einige Pfefferschoten

3 kleine Zwiebeln

einige Oliven

Zubereitung:

- ∞ Für den Pizzateig 400 g Mehl in eine Schüssel füllen, in eine kleine Mulde die Hefe bröseln, eine Prise Zucker zugeben.
- ∞ Mit 200 ml lauwarmen Wasser vermengen, etwas Salz und 3 EL Öl dazugeben. Nach Belieben noch Oregano mit untermengen.
- ∞ Den Teig ordentlich durchkneten, mit sauberem Küchentuch abdecken und an einem warmen Platz 30 Minuten gehen lassen.
- ∞ In der Zwischenzeit die Paprika waschen, putzen und in dünne Streifen schneiden. Die Zwiebeln abziehen, halbieren und in dünne Ringe schneiden.
- ∞ Pfefferonen aus dem Glas nehmen, Strunk entfernen und in Scheiben schneiden.

∞ Oliven aus dem Glas nehmen und abtropfen lassen.
∞ Pizzateig nochmals ordentlich durchkneten, dünn ausrollen und mit der Tomatensauce bestreichen. Mit dem Gemüse belegen.
∞ Für den Hefeschmelz in einen Topf die Margarine schmelzen, mit dem Schneebesen 6 TL Mehl einrühren, mit 300 ml Wasser aufgießen.
∞ Hefeflocken, 1 EL Salz und etwas Senf hinzu geben.
∞ Unter Rühren noch kurz aufkochen lassen, dann mit einem Löffel über die Pizza tröpfeln.
∞ Nach Geschmack noch etwas Oregano über die Pizza verteilen.

Spaghetti Carbonara

Zutaten für 4 Portionen:

100 g Mandelmus

300 g Räuchertofu

1 Zwiebel

4 Zehen Knoblauch

7 EL Öl

1 EL Zitronensaft

6 Zucchini

Salz

Pfeffer

1 EL Gemüsebrühe

250 ml Wasser

Zubereitung:

- ∞ Das Mandelmus mit der Brühe und dem Wasser verrühren. Wegstellen.
- ∞ Die Zucchini mit dem Spiralschneider zu Spaghetti schneiden. Mit dem Zitronensaft beträufeln und wegstellen.
- ∞ Den Räuchertofu in kleine Würfel schneiden, ebenso die Zwiebel und die Knoblauchzehen. Alles mit Salz und Pfeffer würzen und in einer großen Pfanne in dem Olivenöl ca. 5 Minuten kräftig anbraten.
- ∞ Die Hitze etwas zurücknehmen. Die vorbereitete Zucchini in die Pfanne auf das Tofu Zwiebel Knoblauchgemisch geben. Das Ganze mit der Mandelmus Brühemischung begießen.
- ∞ Unter Wenden gut durch erhitzen und auf die Teller geben.

Gefüllte Chilischoten

Zutaten für 4 Portionen:

24 frische, rote Chilischoten

500 g veganer Frischkäse

4 Eiersatz

10 EL Pflanzenöl

Mehl

Salz

Pfeffer

Zubereitung:

∞ Die Chilischoten waschen, Stielansätze entfernen, Samen und Trennwände entfernen.

∞ Den Käse in kleine Stücke schneiden und in die Chilischoten schieben.

∞ Die Eier mit Wasser verquirlen. Das Öl in einer Pfanne erhitzen.

∞ Die Chilischoten im Mehl wenden, in die Eiermischung tauchen und in dem Öl rundum goldgelb braten.

∞ Herausnehmen, abtropfen lassen und mit Salz und Pfeffer würzen.

Crêpes

Zutaten:

500 g Mehl

500 ml Sojamilch

500 ml Mineralwasser

4 EL Öl

Salz

2 EL Vanillezucker

Zubereitung:

∞ Alle Zutaten zu einem klümpchenfreien Teig verrühren und abgedeckt eine Stunde ruhen lassen. Der Teig sollte möglichst dünnflüssig sein, eventuell noch etwa Sojamilch zugeben.

∞ In einer mit Öl ausgepinselten Pfanne hauchdünne Crêpes ausbacken.

Süße Pfannkuchen

Zutaten für 4 Portionen:

500 ml Apfelsaft

2 EL Backpulver

500 g Weizenmehl

2 EL Sirup

200 ml Sojamilch

Salz

Pflanzenfett zum Braten

Zubereitung:

∞ Das Backpulver mit dem Mehl vermischen. Alle Zutaten mit dem Schneebesen oder Mixgerät zu einem geschmeidigen Teig verarbeiten.

∞ In einer Pfanne etwas Fett erhitzen und mit einer Kelle genügend Teigmasse hineingeben. Durch Schwenken in der Pfanne verteilen. Etwa 2-3 Minuten von jeder Seite auf mittlerer Stufe ausbacken.

∞ Nach Belieben mit Puderzucker bestreuen und mit Früchten servieren.

Falscher Hase

Zutaten für 4 Portionen:

4 Brötchen

5 Stück Ei Ersatz

350 g Grünkern

350 g Hirse

2 EL Kräuter gemischt

4 EL Margarine

etwas Pfeffer

1 TL Salz

5 EL Semmelbrösel

2 EL Sojasauce

350 g Tofu

2 Zwiebeln, gehackt

Zubereitung:

- ∞ Grünkern etwa 20 Minuten in Wasser garen, die Hirse zugeben und weitere 30 Minuten kochen.
- ∞ Semmeln in Wasser einweichen, gut ausdrücken.
- ∞ Tofu mit einer Gabel zerdrücken und mit den restlichen Zutaten unter das Getreide mischen. Alles gut verkneten und Semmelbrösel dazugeben. Einen Laib formen und in eine feuerfeste Form legen.
- ∞ Mit Margarineflocken bestreuen und bei 180 Grad ca. 50 Minuten backen.
- ∞ In Scheiben schneiden und mit brauner Sauce begießen.

Kartoffel Bohnen Salat mit frischem Meerrettich

Zutaten für 4 Portionen

1000 g festkochende Kartoffeln

Salz

2 Frühlingszwiebeln

300 g grüne Bohnen

1 Würfel Gemüsebrühe

6 EL Weißweinessig

3 EL Keimöl

50 g frischen Meerrettich

200 g Tofu Kassler

300 ml Wasser

Zubereitung:

∞ Ungeschälte Kartoffeln in Salzwasser 20 – 25 Minuten kochen.
∞ Zwiebeln schälen und fein würfeln. Bohnen waschen, putzen und in mundgerechte Stücke schneiden.
∞ 300 ml Wasser aufkochen, Suppenwürfel, Bohnen und Zwiebeln zugeben und zugedeckt 8-12 Minuten garen, bis die Bohnen bissfest sind. Alles in eine Schüssel geben, Essig und Keimöl in die Brühe rühren.
∞ Kartoffeln abgießen, pellen, in Scheiben schneiden und noch heiß in die Marinade geben. Den Kartoffel Bohnen Salat abkühlen lassen.
∞ Meerrettich schälen und grob raspeln. Tofu Kassler in Streifen schneiden und zusammen mit dem Meerrettich unter den Salat heben.

Kartoffelsalat schwäbischer Art mit Seitan Häppchen

Zutaten für 4 Portionen:

3 kg kleine festkochende Kartoffeln

1 rote Paprika

1 grüne Paprika

1 gelbe Paprika

150 g Seitan

1 Glas eingelegte Gewürzgurken

2 Zwiebeln

4 Zehen Knoblauch

1 Bund Schnittlauch

50 g Tomatenmark

4 TL Gemüsebrühe

2 Lorbeerblätter

frische Muskatnuss

Salz

Kräutersalz

Paprikapulver, süß

Koriander

Kurkuma

Pfeffer

Zucker

Olivenöl

Apfelessig

Zubereitung:

∞ Das Seitan Pulver mit einer Prise Pfeffer, Kurkuma, Kräutersalz, süßen Paprikapulver und ein wenig Koriander würzen. 10 ml Olivenöl und 350 ml Wasser zugeben und gut durchkneten.

∞ In einem großen Topf den Sud aus Lorbeerblättern, reichlich Salz, Pfeffer, viel Sojasauce, einer geschälten und geviertelten Zwiebel, drei geschälten Knoblauchzehen, etwas frisch geriebene Muskatnuss und Tomatenmark zubereiten.

∞ Dünne Scheiben vom Seitan Teig abschneiden und reichlich mit Sud bedeckt 30 Minuten kochen lassen. Abgießen und einige Minuten abtropfen lassen, in Mundgerechte Stücke schneiden.

∞ 1 EL Olivenöl in einer beschichteten Pfanne erhitzen und die Seitan Würfel 4 Minuten scharf anbraten. Mit Pfeffer abschmecken.

∞ Festkochende, kleine Salatkartoffeln für 20-25 Minuten kochen lassen, dann abgießen. Die Kartoffeln schälen und in dünne Scheiben schneiden.

∞ Alle Paprikas entkernen und in feine Würfel schneiden. Eine Zwiebel fein hacken. Fünf eingelegte Gewürzgurken in dünne Scheiben schneiden.

∞ Alles zusammen in eine große Schüssel geben. Ein Bund Schnittlauch gründlich waschen, fein hacken, die Hälfte zu dem Salat geben und alles gut vermischen.

∞ In einer Tasse 4 EL Olivenöl, Flüssigkeit aus dem Gewürzgurken Glas, 3 TL Gemüsebrühe, eine Prise Zucker, Pfeffer und eine sehr fein gehackte Knoblauchzehe geben.

∞ Mit warmen Wasser auffüllen, vermischen und über den Kartoffelsalat geben.

Veganer Truthahn

Zutaten für 4 Portionen:

3 Knoblauchzehen, zerdrückt

2 TL Majoran

2 EL Miso

2 EL Orangensaft

1 TL Pfeffer

200 g Pilze

1 TL Rosmarin

3 EL Salbei

1 EL Salz

4 Stangen Sellerie

2 TL Selleriesamen

1 TL Senf

1 Tasse Sesamöl

1 Tasse Sojasauce

2 TL Thymian

6 Pack Tofu

3 cup (Tassen) Weißbrot gewürfelt

1 Zwiebel

Zubereitung:

∞ Tofu mit den Händen zerkrümeln und zerkneten. Ein großes Sieb mit einem Geschirrtuch ausschlagen, den zerdrückten Tofu hineingeben und mit den überlappenden Seiten bedecken.

∞ Das Ganze in eine große Schüssel stellen, in das Sieb eine kleinere Schüssel stellen, diese beschweren. Für 2-3 Stunden kalt stellen.

∞ Für die Füllung die Zwiebeln, Sellerie und Pilze in 2 EL Sesamöl anbraten, dann den Knoblauch, Salbei, Majoran, Thymian, Rosmarin, Salz, Pfeffer und den Selleriesamen zugeben und mitbraten. ¼ Tasse Sojasause zugeben und 5 Minuten schmoren lassen.

∞ Dann die Weißbrotwürfel untermischen und beiseite stellen.

∞ Die beschwerte Schüssel vom Tofu abnehmen und das überlappende Tuch aufdecken. In die Mulde die Füllung geben und gut zusammendrücken. Mit etwas Tofu abdecken.

∞ Den gefüllten Tofu mit der flachen Seite nach unten auf eine gefettete Pfanne legen, das Sieb und das Tuch abnehmen und dem Tofu nach Wunsch eine Truthahnform verpassen.

∞ Restliche Sojasauce mit Sesamöl, Miso, Orangensaft und Senf verrühren, mit der Hälfte dieser Sauce den Tofu bestreichen.

∞ Den Tofu mit Alufolie bedecken und ca. 1 Stunde bei 200 Grad backen, dann die Folie abnehmen und den Tofu mit einem Teil der restlichen Sauce bestreichen.

∞ Noch eine weitere Stunde backen und immer wieder mit der restlichen Sauce bestreichen, bis der Tofu goldbraun ist.

Gebratener Gemüsereis mit frittiertem Tempeh und Erdnusssauce

Zutaten für 4 Personen:

250 g Camargue Reis

3 Karotten

1 Zucchini

1 Stange Lauch

100 g rote Linsen

1 Paprika rot oder gelb

200 g Tempeh natur

Sonnenblumenöl

Olivenöl

Erdnussbutter

Kräuter der Provence

Knoblauchgranulat

1 Bund Schnittlauch

Salz

Pfeffer

Zubereitung:

∞ Die Karotten schälen und in feine Scheiben, den Lauch in Ringe und die Paprika in Streifen schneiden.

- ∞ Zucchini waschen und kleinschneiden. Die Linsen und den Reis garen.
- ∞ Nun den Tempeh in dünne Scheiben schneiden. Das Sonnenblumenöl in einem Topf erhitzen und die Tempeh Scheiben darin frittieren und anschließend warmhalten.
- ∞ Etwas Olivenöl in eine Pfanne geben und den Lauch, die Karotten, die Paprika und die Zucchini hinzugeben und kurz anbraten.
- ∞ Den Reis und die Linsen hinzufügen und alles gut mischen und kurz anbraten. Mit Salz und Pfeffer sowie Kräuter der Provence und Knoblauchgranulat würzen. Den Schnittlauch fein hacken und untermischen.
- ∞ Für die Erdnusssauce 2-3 EL Erdnussbutter mit wenig kochendem Wasser gut vermischen und mit Salz und Pfeffer abschmecken.
- ∞ Den Gemüsereis mit den frittierten Tempehtalern anrichten und die Erdnusssauce darüber geben.

Wildreissalat mit knackigem Gemüse

Zutaten für 4 Portionen:

500 g Wildreis

350 g Möhren

300 g Lauch

3 gelbe Paprikaschoten

4 Beutel Salatkrönung

7 EL Orangensaft

10 EL Keimöl

2 EL Orangenmarmelade

2 EL Senf

einige Chicoreeblätter

Zubereitung:

∞ Den Reis ca. 2 Minuten kürzer als auf der Packung angegeben kochen. Abgießen und abkühlen lassen.
∞ Möhren schälen und in Stifte schneiden. Lauch putzen, waschen und in sehr feine Ringe schneiden. Paprika halbieren, entkernen, waschen und in Würfel schneiden.
∞ Inhalt vierer Beutel Salatkrönung mit 7 EL Orangensaft, Öl, Orangenmarmelade und Senf verrühren. Salatgurken mit Dressing vermischen.
∞ Eine Platte mit Chicoreeblättern auslegen und den Salat anrichten.

Blumenkohl Linsen Curry

Zutaten für 4 Portionen:

600 g Blumenkohl

2 rote Paprika

400 g Karotten

300 g Linsen

2 Zwiebeln

1 Knoblauchzehe

Olivenöl

1 TL Kurkuma

2 EL Currypulver

Salz

Pfeffer

400 ml Karottensaft

500 ml Gemüsebrühe

300 ml Sojasahne

brauner Zucker

Limettensaft

Petersilie

Zubereitung:

- ∞ Den Blumenkohl in kleine Röschen zerteilen und waschen. Paprika putzen und in feine Streifen schneiden.
- ∞ Karotten schälen und in Scheiben schneiden. Zwiebeln und Knoblauch hacken und in Olivenöl kurz anbraten.
- ∞ Blumenkohl und Karotten dazugeben und mit Karottensaft und Gemüsebrühe aufgießen.

∞ Mit Curry, Kurkuma, Salz und Pfeffer würzen und alles für ca. 3 Minuten köcheln lassen.
∞ Linsen und Paprikastreifen hinzugeben und alles ca. 8-10 Minuten weitergaren. Sojasahne zufügen und mit Zucker und Limettensaft abschmecken.
∞ Kurz aufkochen lassen und die Hälfte der frischen Petersilie unterrühren.
∞ Alles auf die Teller geben und mit der restlichen Petersilie bestreuen.

Mediterrane Pilzpfanne

Zutaten für 4 Portionen:

2 rote Zwiebeln

2 Knoblauchzehen

1 kg Champignons, Austernpilze oder Kräuterseitlinge

1 rote Paprikaschote

4 Strauchtomaten

100 g Rucola

2 EL Pinienkerne

2 EL Balsamico Essig dunkel

Salz

Pfeffer

Zucker

Olivenöl

frischer Rosmarin

1 TL Thymian getrocknet

Zubereitung:

∞ Zwiebeln und Knoblauch schälen und fein würfeln.

∞ Butterschmalz in einer Pfanne erhitzen und Zwiebeln und Knoblauch darin glasig anbraten, mit Salz und Pfeffer und einer Prise Zucker würzen. Aus der Pfanne in einen Teller geben und beiseite stellen.

∞ Vom Rosmarin frisch die Nadeln abzupfen und fein hacken.

∞ Pilze putzen und in grobe Würfel oder Viertel schneiden. Kräuterseitlinge in Scheiben schneiden.

∞ In die Pfanne etwas Öl dazugeben und die Pilze darin portionsweise anbraten. Kräuter untermischen und kurz nochmals anbraten.

∞ Zwiebeln und Knoblauch untermischen. Mit Salz und Pfeffer abschmecken. Die Pilze nicht vor dem anbraten salzen, sonst verlieren sie zu viel Wasser. Bei kleiner Hitze warm halten.

∞ Paprikaschoten waschen und entkernen und in kleine Würfel schneiden.

∞ Tomaten in Viertel schneiden und entkernen. In einer anderen Pfanne, mit wenig Fett, kurz anbraten und dann Paprika und Tomaten dazugeben. Balsamico Essig unterheben und alles köcheln lassen bis die Paprika weich ist, aber noch Biss hat.

∞ Alles zu den Pilzen geben und gewaschenen Rucola unterheben. Mit Salz und Pfeffer und einer Prise Zucker abschmecken.

∞ Nochmals kurz heißmachen und dann sofort servieren.

Gefüllter Nussbraten

Zutaten:

225 g Cashewnüsse

3 Knoblauchzehen

3 EL Kräuter gemischt

225 g Mandeln

4 EL Mehl

1 Prise Muskatnuss

6 EL Olivenöl

3 EL Petersilie

Pfeffer

Salz

225 g Semmelbrösel

2 EL Senf

500 g Tofu

1 Zitrone

2 Zwiebeln

Zubereitung:

∞ Zwiebeln und Knoblauch hacken, Cashewnüsse und Mandeln fein mahlen.

∞ 2 EL Olivenöl erhitzen, Zwiebeln und Knoblauch darin glasig dünsten. Das Mehl zugeben und mit ca. 300 ml Wasser aufgießen, aufkochen lassen, bis die Masse dicklich wird.

∞ Die gemahlenen Nüsse zusammen mit den Semmelbröseln, 4 EL Zitronensaft, Salz, Pfeffer und Muskatnuss unter die Zwiebelmasse rühren und zu einem glatten Teig verarbeiten.

∞ Für die Füllung die Kräuter fein hacken, die Schale der Zitrone abreiben und den Tofu fein zerkrümeln.

∞ Kräuter, Zitronenschale, 4 EL Olivenöl, Senf, Salz, Pfeffer und etwas Zitronensaft und Knoblauch unter den Tofu mischen und gut verkneten.

∞ Eine feuerfeste Form gut ausfetten, ein Drittel der Nussmasse auf den Boden geben, dann die Tofumasse zu einem Laib formen und darauf legen.

∞ Mit der restlichen Nussmasse bedecken und gut zusammendrücken und glatt streichen.

∞ Im vorgeheizten Ofen bei 190 Grad ca. 1 Stunde backen, dabei kann man den Braten nach 30 Minuten mit etwas Öl bestreichen.

∞ Wenn der Braten leicht gebräunt ist, aus dem Ofen nehmen und 5-10 Minuten stehen lassen.

Vollkorn Gemüsereis

Zutaten für 4 Portionen:

400 g Vollkornreis

6 Möhren

1 Stange Lauch

3 Zucchini

2 Zwiebeln

Margarine

Gemüsebrühe

Thymian

Majoran

Basilikum

Petersilie

Kräuter der Provence

Salz

Pfeffer

Sojasahne

etwas Tofu

etwas veganen Frischkäse

Zubereitung:

∞ Vollkornreis in Gemüsebrühe garen. Zwiebeln hacken und in geschmolzener Margarine anbraten.

∞ Auf Wunsch gewürfelten Tofu hinzugeben.

∞ Lauch in Ringe, Möhren und Zucchini in kleine Stifte schneiden und in die Pfanne geben.

∞ Sojasahne, Frischkäse, frische Kräuter sowie Salz und Pfeffer hinzugeben. Eventuell nochmals mit etwas Gemüsebrühe und Kräuter der Provence abschmecken. Reis hinzugeben und alles vermischen.

Pikante Kartoffelpuffer

Zutaten für 4 Portionen:

1 kg Kartoffeln

1 Zwiebel

2 Eiersatz6

3 EL Mehl

1 Gemüse Brühwürfel

frisch gemahlenen Pfeffer

frisch gemahlene Muskatnuss

10 EL Keimöl

Zubereitung:

∞ Kartoffeln waschen, schälen, reiben, in einem sauberen Handtuch gut ausdrücken und in eine Schüssel geben.

∞ Zwiebel schälen und fein würfeln. Eiersatz, Zwiebel, Mehl, Gemüse Bouillon, Pfeffer und Muskat dazugeben und alles gut mischen.

∞ Pro Pfanneneinlage 2 EL Keimöl erhitzen und je 3 Puffer darin pro Seite ca. 3 Minuten goldgelb braten.

Kastanienbraten

Zutaten für 4 Portionen:

4 EL Öl

1 Stück Knoblauchzehe

25 g Margarine

1 kg Maronen

2 EL Petersilie

Pfeffer

Salz

2 Stängel Sellerie

100 g Semmelbrösel

2 EL Zitronensaft

1 Zwiebel

Zubereitung:

∞ Kastanien weich kochen und schälen.

∞ Zwiebel und Sellerie in der Margarine 10 Minuten weich dünsten.

∞ Mit den Kastanien zusammen in eine Schüssel geben und zerdrücken, dabei Petersilie, Zitronensaft und Knoblauch unterheben und mit Salz und Pfeffer abschmecken.

∞ Aus der Masse einen Laib formen und in Semmelbrösel wälzen.

∞ Laib in einen gefetteten Bräter legen und mit Öl beträufeln. Bei 200 Grad ca. 45 Minuten knusprig backen, dabei immer wieder mit Öl beträufeln.

Schneller Möhreneintopf

Zutaten für 4 Portionen:

500 g Möhren

450 g Kartoffeln

750 g Gemüsebrühe

Salz

Pfeffer

Schnittlauch

Zubereitung:

∞ Die Möhren und Kartoffeln schälen und in kleine Würfel schneiden.

∞ Kartoffelwürfel in einem Topf mit kaltem Wasser geben und gar kochen. Die Möhrenwürfel in der Gemüsebrühe gar kochen.

∞ Kartoffeln abgießen und beiseite stellen. Wenn die Möhren gar sind, die Kartoffeln zum Eintopf geben.

∞ Möhreneintopf mit Salz und etwas Pfeffer abschmecken. Etwas gehackten Schnittlauch unterrühren und heiß servieren.

Bratkartoffelsalat mit Basilikum

Zutaten für 4 Portionen:

650 g Salatkartoffeln

Salz

2 EL Olivenöl

Pfeffer

200 g Cocktailtomaten

1 Bund Basilikum

200 ml Salatkrönung

Italienische Kräuter

3 EL geröstete Sesamsaat

Zubereitung:

∞ Die Kartoffeln unter fließendem Wasser gründlich abbürsten, denn die Schale wird mitgegessen.

∞ In Salzwasser ca. 20 Minuten garen, abgießen und der Länge nach halbieren. Die Kartoffelhälften im heißem Olivenöl goldbraun braten. Mit Salz und Pfeffer würzen und etwas abkühlen lassen.

∞ Tomaten waschen, den Stielansatz herausschneiden und halbieren. Basilikumblättchen abzupfen und etwas zerkleinern.

∞ Die Kartoffeln mit Tomatenhälften und Basilikum auf Tellern anrichten. Italienische Kräuter über den Salat träufeln. Mit Sesam bestreuen.

Waffeln

Zutaten für 4 Portionen:

500 g Mehl

125 g Zucker

25 g Rohrzucker

2 Päckchen Backpulver

1 TL Salz

3 EL Öl

500 ml Sojamilch

100 ml Mineralwasser

Fett für das Waffeleisen

Zubereitung:

∞ Die trockenen Zutaten in eine Schüssel geben und zusammenmischen. Danach das Öl, Sojamilch und Mineralwasser zugeben und alles zu einem glatten Teig verrühren.

∞ Den Waffelteig portionsweise in ein leicht gefettetes Waffeleisen geben und ausbacken.

Lebkuchen

Zutaten:

350 g Mehl

3 EL Kakaopulver

1 EL Lebkuchen Gewürz

1 EL Backpulver

300 g Zuckerrübensirup

300 ml Wasser

5 EL Pflanzenöl

50 g Orangeat

50 g Zitronat

50 g Mandeln, gehackt

350 g Zartbitterkuvertüre

Zubereitung:

∞ Trockene Zutaten gut mischen. Dann Öl. Wasser und Zuckerrübensirup unterrühren, bis ein glatter Teig entsteht.
∞ Schließlich Orangeat und Zitronat unterheben. Den Teig in eine Springform geben und mit den gehackten Mandeln bestreuen.
∞ Bei 170 Grad Ober- und Unterhitze ca. 40 Minuten backen.
∞ Abkühlen lassen, in kleine Würfel schneiden und mit der geschmolzenen Kuvertüre überziehen.

Kuchenrezepte

Abteilung bedingt für Diabetiker geeignet

Erdbeer – Vanille – Biskuit

Zutaten für den Biskuitboden
2 Eier
1 Prise Salz
20 g Fruchtzucker
½ TL Süßstoff
2 EL Wasser
30 g Mehl
30 g Speisestärke
½ TL Backpulver

Für den Belag:
500 g Erdbeeren
1 Beutel Vanille Pudding
250 g Milch 1,5 % Fett
250 ml Wasser
1 Pck. Tortenguss, rot

Zubereitung

∞ Den Backofen auf 220 Grad vorheizen
∞ Die Eier trennen und das Eiweiß mit einer Prise Salz steif schlagen.
∞ Das Eigelb mit dem Wasser, dem Zucker und dem
∞ Süßstoff cremig schlagen, Mehl, Speisestärke und Backpulver zugeben und ebenfalls mit verrühren. Zum Schluss den Eischnee vorsichtig unterheben und in eine Springform geben.
∞ Den Biskuitboden 10 Minuten backen, vorsichtig aus der Form lösen und etwa 30 Minuten auskühlen lassen.
∞ Die Erdbeeren waschen, halbieren und trocken tupfen.
∞ Vanillepuddingpulver mit Milch nach Anleitung zubereiten und auf den kalten Biskuitboden geben. Erdbeeren ziegelförmig darauf verteilen. Trocknen lassen.
∞ Den Tortenguss laut Anweisung, aber mit Süßstoff zubereiten und über die Erdbeeren geben.

Schwedische Apfeltorte

Zutaten für den Teig
150 g Mehl
2 TL Backpulver
1 TL flüssigen Süßstoff
1 Prise Salz
75 g Magerquark
30 g Butter, halbfett
1 Ei

Für den Belag:
800 g Äpfel
200 g saure Sahne
Süßstoff
Zimt

Zubereitung

∞ In einer Schüssel Mehl, Backpulver, Salz, Quark, Halbfettbutter, Ei und Süßstoff mit einem Handrührer zu einem geschmeidigen Teig verkneten.
∞ Den Teig zu einer Kugel formen und 30 Minuten kühl stellen.
∞ Nach dem Ruhen noch mal kurz durchkneten und auf einer bemelten Arbeitsfläche ausrollen.
∞ Eine Springform einfetten und den Teig hineingeben. Gut andrücken und einen Rand hochziehen.
∞ Die gewaschenen Äpfel vierteln und vom Kerngehäuse befreien. Äpfel in feine Spalten schneiden zusammen mit der sauren Sahne und

etwas Süßstoff sowie Zimt verrühren und auf den Teig geben und glatt streichen.

∞ Kuchen nun bei 180 Grad Ober- und Unterhitze 30-35 Minuten backen.

Quarkkuchen

Zutaten
80 g Fruchtzucker
1 Pck. Vanillezucker
80 g Magerbutter
4 Eier
1 ½ kg Magerquark
1 Spritzer Zitronensaft
3 EL Vollkorn Gries
1 TL Backpulver
1 Prise Salz

Zubereitung
∞ Die Butter mit Fruchtzucker und Vanillezucker schaumig rühren. Die Eier dazu geben und weiter rühren.
∞ Den Quark anschließend einrühren und einen Spritzer Zitronensaft und alles gut vermengen.
∞ Den Vollkorn Gries, das Backpulver und die Prise Salz dazu geben, damit der Kuchen später nicht zusammen fällt.
∞ 40 Minuten bei 190 Grad Umluft backen, dann für 10 Minuten im ausgeschalteten Ofen stehen lassen. Anschließend nochmals für 20 Minuten bei 180 Grad fertig backen.

Marmorkuchen

<u>Zutaten</u>

400 g Mehl
200 g Margarine
200 ml Milch
5 Eier
1 Pck. Backpulver
1 Pck. Vanillezucker
Süßstoff
2 EL Kakaobutter
2 EL Milch

<u>Zubereitung</u>

∞ Mehl, Margarine, Eier, Backpulver, Vanillezucker und den Süßstoff miteinander verrühren.
∞ 2/3 des Teiges in eine Napfform füllen. Das Kakaopulver und die Milch mit dem restlichen Drittel vermischen und eventuell noch mit Süßstoff nachsüßen.
∞ Nun ebenfalls in die Backform geben. Mit der Gabel Marmormuster herstellen und im vorgeheizten Backofen bei 180 Grad 50 Minuten backen.

Apfel – Käsekuchen

<u>Zutaten</u>
300 g geschälte Äpfel
1 EL Zitronensaft

30 g Zucker
90 g Süßstoff
3 Eier
1 Pck. Puddingpulver Vanille
600 g Magerquark
1 Prise Salz
25 g Mandeln
40 g Aprikosenkonfitüre

Zubereitung

∞ Äpfel in Stücke schneiden und mit Zitronensaft beträufeln. Butter mit Diabetikersüße cremig rühren. Eier trennen. Eigelb einzeln unterrühren. Puddingpulver und Quark einrühren.
∞ Eiweiß mit Salz steif schlagen. Zuerst Äpfel, dann Eiweiß unter die Masse heben.
∞ Eine Springform fetten, mit Mehl austreuen. Masse einfüllen und glatt streichen. Im vorgeheizten Backofen bei 180 Grad Umluft ca. 45 Minuten backen.
∞ Rand lösen. In der Form auskühlen lassen.
∞ Mandeln in einer Pfanne goldbraun rösten. Herausnehmen, auskühlen lassen.
∞ Kuchen aus der Form nehmen, auf eine Platte setzen. Aprikosen Konfitüre glatt rühren. Den Kuchenrand damit einstreichen und die Mandeln an den Rand drücken.

Quarkkuchen mit Äpfeln

Zutaten
50 g Margarine
100 g Fruchtzucker
450 g Magerquark
80 g Gries
1 EL Zitronensaft
½ TL Backpulver
3 Eigelb
600 g sehr klein geschnittene Äpfel
3 Eiweiß
Fett für die Form

Zubereitung

∞ Margarine und Fruchtzucker schaumig rühren, die anderen Zutaten außer Äpfeln und Eischnee unterrühren. Vorsichtig erst die Äpfel und dann den Eischnee unterheben.
∞ Teig in eine gefettete Springform streichen und bei 190 Grad Umluft 40-45 Minuten backen.

Gugelhupf

Zutaten
500 g Mehl
40 g Hefe
180 g Wasser
1 Prise Salz
100 g Margarine oder Butter
3 Eier

80 g Sukrin Zucker
2 EL Rum
1 Zitrone
60 g Walnüsse, gehackt
120 g Sauerkirschen
50 g Butter zum einstreichen
20 g Fruchtzucker zum Besieben

<u>Zubereitung</u>

- ∞ Eigelb mit Sukrin glatt rühren. Mit allen Zutaten, außer Nüssen und Kirschen, einen Teig rühren bis er sich vom Kesselrand löst.
- ∞ Nüsse und Kirschen unterziehen.
- ∞ In eine mit Butter bestrichene und bemehlte Gugelhupfform einfüllen.
- ∞ Gugelhupf an einem warmen Ort ca. 45 Minuten gehen lassen.
- ∞ Bei 180 Grad Umluft 50 Minuten backen.
- ∞ Nach dem Backen mit der aufgelösten Margarine oder Butter einstreichen und mit Fruchtzucker bestauben.

Schneewittchen Kuchen

<u>Zutaten</u>
1 Prise Salz
200 g Calogrin Zucker
6 Eier
2 Pck. Vanillezucker
Etwas Buttervanille Aroma
1 Pck. Zitronen - Schale

150 ml Öl
200 ml Eierlikör
400 g Mehl
1 Pck. Backpulver
Semmelmehl für die Form
Fett für die Form
1 Glas Kirschen
3 EL Kakaopulver

1 TL Amaretto

70 g Krokant oder gehackte Mandeln

Zubereitung

- ∞ Backofen auf 160 Grad vorheizen. Kranzform mit Fett ausstreichen und mit Semmelmehl bestreuen.
- ∞ Eierlikör und Öl sehr gut miteinander verquirlen. Mit dem Salz, Zucker, den Eiern, dem Vanillezucker, dem Buttervanille Aroma und der Zitronenschale mit dem Handmixer verrühren.
- ∞ Mehl und Backpulver darauf geben und unterziehen.
- ∞ Die Hälfte von dem Teig in die Form füllen. Die Kirschen darauf verteilen. Den restlichen Teig mit dem Kakaopulver und dem Amaretto verrühren. Nach Belieben Krokant oder gehackte Mandeln mit verrühren und auf die Kirschen füllen.
- ∞ In den Backofen schieben und etwa 80 Minuten auf der mittleren Schiene backen.

Apfel Nuss Kuchen

<u>Zutaten</u>
250 g Weizenmehl
60 g Haselnüsse
50 g Fruchtzucker
150 g Margarine
4 Eier
3 TL Backpulver
Süßstoff
3 EL Nüsse oder Mandeln gehackt
600 g Äpfel
1 EL Zimt und Zucker zum Bestreuen
Etwas Milch

<u>Zubereitung</u>
∞ Die Margarine mit dem Zucker und den Eiern schaumig rühren. Das Mehl mit dem Backpulver vermischen und unterrühren.
∞ Die Nüsse zufügen. Nach Geschmack mit etwas Süßstoff nachsüßen.
∞ Eine Springform mit Butter bestreichen.
∞ Die Äpfel schälen, vierteln, mit einem Messer längs einritzen und kreisförmig auf dem Teig verteilen.
∞ Den Zimtzucker und die gehackten Nüsse oder Mandeln aufstreuen.
∞ Ca. 45 Minuten bei 160 Grad Umluft backen.

Bananen Kuchen

Zutaten
120 g Butter
200 g Diabetikerzucker
1 Pck. Vanillezucker
3 Eier
2 EL Milch
300 g Dinkelvollkornmehl
2 TL Backpulver
1 Prise Salz
1 TL Ingwerpulver
130 g Haselnüsse
100 g Diätschokolade, zartbitter
3 Bananen
Butter für die Form
Semmelmehl für die Form

Zubereitung

∞ Kuchenform einfetten und mit Semmelmehl ausstreuen.
∞ Butter, Zucker, Vanillezucker und Eier sehr schaumig schlagen, dabei die Milch einrühren.
∞ Mehl, Backpulver, Ingwer, Salz, Haselnüsse und Schokolade mischen und einrühren.
∞ Bananen mit einer Gabel zerdrücken und unter den Teig heben. In die Form füllen und glatt streichen.
∞ Bei 180 Grad ca. 75 Minuten backen.

Dinkel Marmorkuchen

<u>Zutaten</u>
270 g Fruchtzucker
300 g Dinkel Mehl
¼ Ltr. Wasser
5 Eier
1 Pck. Vanillezucker
1 Pck. Backpulver
1 EL Rum
¼ Ltr Diätspeiseöl
2 EL Kakaopulver

<u>Zubereitung</u>

∞ Fruchtzucker, Dotter, Vanillezucker, Rum und Wasser schaumig rühren.

∞ Dinkelmehl mit Backpulver vermischen und mit dem Diätspeiseöl unter die Dottermasse vermengen und den Eischnee unterheben.

∞ Teig teilen, in eine Hälfte Kakao unterrühren. In gebutterte und bemehlte Gugelhupfform füllen und im Backofen auf mittlerer Schiene bei 180 Grad ca. 45 Minuten backen.

Marmorkuchen mit Heidelbeer Mandel Deko

Zutaten für den Teig:

120 g Margarine

120 g Rohrzucker

350 g Roggenmehl

1 Päckchen Backpulver

Salz

350 ml Hafermilch

6 EL Kakaopulver

Margarine für die Form

Für die Dekoration:

130 g Heidelbeeren

120 g gehackte Mandeln

1 Becher veganer Heidelbeerjogurt

Zubereitung:

∞ Den Backofen auf 160 Grad vorheizen. Die Form mit etwas Margarine einfetten.

∞ Die Margarine mit dem Rohrzucker schaumig rühren. Das Mehl mit dem Backpulver und der Prise Salz vermischen und nach und nach dazugeben.

∞ Unter ständigem Rühren die Hafermilch dazugeben.
∞ Die Hälfte des Teiges in die Form füllen. Den restlichen Teig mit dem Kakao mischen und ebenfalls in die Form füllen. Für ein Marmormuster mit einer Gabel durch den Kuchen gehen.
∞ Den Kuchen 30 Minuten oder auch etwas länger backen. Stäbchenprobe.
∞ Nach dem Backen den Kuchen auf einen Teller stürzen, kurz abkühlen lassen oder gleich den Jogurt darauf verteilen.
∞ Die gehackten Mandeln am Rand auf dem Jogurt streuen. Die Heidelbeeren in einem gewünschten Muster auf dem Kuchen verteilen.

Karottenkuchen

Zutaten
300 g Karotten, gerieben
60 g Mehl
2TL Backpulver
60 g Mandeln, gerieben
100 g Haselnüsse, gerieben
60 g Semmelbrösel
5 Eier
100 g Zucker
1 Prise Salz
Zimt

Zubereitung

∞ Mehl, Backpulver, Mandeln, Nüsse, Salz und Semmelbrösel vermengen. Dotter, Zimt und Zucker schaumig rühren, Mehl-Nuss-Masse und geriebene Karotten unterheben.

∞ Eischnee schlagen und unterheben.

∞ Im vorgeheizten Backofen bei 180 Grad ca. 45 Minuten backen.

Apfel Käsekuchen

Zutaten
4 Äpfel
220 g Zucker
3 EL Preiselbeermarmelade
6 Eier
140 g Margarine
1 Pck. Vanillezucker
Saft von 1 Zitrone
500 g Frischkäse
500 g Magerquark
2 EL Gries
1 Pck. Backpulver
1 Pck. Puddingpulver, Vanille
100 g Mandelblättchen

Zubereitung

∞ Geschälte Äpfel quer halbieren, entkernen und in etwas Wasser bissfest dünsten.

∞ Eine mit Backpapier ausgelegte Backform mit 50 g Zucker ausstreuen, Äpfelhälften mit der Schnittfläche nach unten hineinlegen und die Hohlräume mit Preiselbeermarmelade füllen.

∞ Eier trennen. Eigelb mit Margarine, restlichem Zucker, Vanillezucker, Zitronensaft, Frischkäse und Quark verrühren.

∞ Gries, Backpulver und Puddingpulver mischen und mit der Frischkäse Masse vermengen.

∞ Eiweiß steif schlagen und vorsichtig unterheben. Frischkäsecreme über die vorbereiteten Apfelhälften streichen und ca. 45 Minuten im vorgeheizten Backofen bei 180 Grad backen.

∞ Kuchen im ausgeschalteten Backofen weitere 10 Minuten ruhen lassen. Kuchen komplett abkühlen lassen, aus der Form lösen und auf eine Tortenplatte stürzen.

∞ Nach Wunsch mit gerösteten Mandelblättchen bestreut servieren.

Brüsseler Vanille Waffeln

Zutaten
250 g Butter
100 g Zucker
2 Pck. Vanillezucker
1 Prise Salz
6 Eier
500 ml Milch
600 g Mehl
2 TL Backpulver

1 kleine Buttervanille Aroma
Puderzucker
1 Pck. Aroma, Bourbon Vanille
1 Glas Sauerkirschen
2 TL Puddingpulver Vanille

Zubereitung

∞ Butter, Zucker, Vanillezucker und Salz verrühren. Etwas Mehl darunter rühren, nach und nach die Eier unterrühren.
∞ Mehl, Backpulver abwechselnd mit der Milch unterrühren, Aromen zugeben.
∞ Teig in einem Waffeleisen backen
∞ Fertige Waffeln mit Puderzucker und heißen Kirschen, die mit Vanillepuddingpulver angedickt sind, servieren.

Apfel Krümel Kuchen

Zutaten für den Teig:
600 g Mehl
1 Pck. Backpulver
250 g Zucker
2 Eier
250 g Butter
2 TL Zimtpulver

Zutaten für die Füllung:
2,5 kg säuerliche Äpfel
3 Päckchen Vanillezucker

150 g gehackte Mandeln
etwas Puderzucker

<u>Zubereitung</u>

- ∞ Für die Streusel alle Zutaten zu Krümeln verkneten. 2/3 davon auf einem Backpapier ausgelegten Backblech festdrücken.
- ∞ Für die Füllung Äpfel schälen, entkernen, vierteln, in kleine Stücke schneiden und auf dem Teig verteilen.
- ∞ Mit Vanillezucker und Mandeln bestreuen und restliche Streusel darauf verteilen.
- ∞ Kuchen im vorgeheizten Backofen bei 200 Grad ca. 45 Minuten backen.
- ∞ Kuchen abkühlen lassen, mit Puderzucker bestäuben und nach Wunsch mit geschlagener Sahne servieren.

Eierlikör Kuchen

<u>Zutaten</u>
6 Eier
250 g Puderzucker
3 Pck. Vanillezucker
¼ Ltr. Öl
¼ Ltr. Eierlikör
140 g Mehl
140 g Speisestärke

1 Pck. Backpulver

Fett und Paniermehl für die Form

<u>Zubereitung</u>

∞ Den Backofen auf 180 Grad vorheizen. Die Backform fetten und mit Paniermehl ausstäuben.
∞ Die Eier mit dem Puderzucker und dem Vanillezucker dickcremig schlagen. Das Öl und den Eierlikör langsam zugießen. Das Mehl mit der Speisestärke und dem Backpulver vermengen und in den Teig rühren. Alles noch mal gut miteinander vermengen und dann in die Kuchenform füllen.
∞ Den Kuchen im Backofen gut 1 Stunde backen.
∞ Nach dem Abkühlen mit Puderzucker bestäuben.

Apfel Quark Kuchen

<u>Zutaten für den Hefeteig</u>
600 g Mehl
42 g Hefe
270 ml lauwarme Milch
150 g Zucker
1 Päckchen Vanillezucker
150 g Butter
4 Eier
1 EL Pflanzenöl

<u>Zutaten für den Belag</u>
500 g Magerquark
60 g Zucker
1 Pck. Vanillezucker
2 Eier
2 EL Speisestärke

1 kleines Fläschchen Butter Vanille Aroma
8 Äpfel
150 g Aprikosenmarmelade
1 EL Puderzucker

<u>Zubereitung</u>

- ∞ Mehl in eine Rührschüssel geben, eine Mulde hinein drücken, Hefe zerbröseln und hineingeben. Milch mit 1 Esslöffel Zucker darüber geben und glatt rühren.
- ∞ An einem warmen Ort ca. 20 Minuten gehen lassen.
- ∞ Restlichen Zucker, Vanillezucker, Butter und Eier dazugeben, alles verkneten und weitere ca. 30 Minuten gehen lassen.
- ∞ Eine Springform gut einfetten, Teig einfüllen und den Rand etwas hochziehen.
- ∞ Für den Belag Quark, Zucker, Vanillezucker, Ei, Speisestärke und Vanille Butter Aroma verrühren und auf dem Teig verteilen.
- ∞ Äpfel schälen, halbieren, Kerngehäuse entfernen und in Scheiben einschneiden. Apfelhälften nebeneinander auf den Quarkteig legen, andrücken und im vorgeheizten Backofen bei 180 Grad ca. 45 Minuten backen.
- ∞ Marmelade erwärmen, Äpfel damit glasieren, Rand mit Puderzucker bestreuen.

Rotwein Apfel Kuchen

<u>Zutaten</u>
250 g Butter
200 g Zucker
2 Pck. Vanillezucker

6 Eier
250 g Mehl
200 g Nüsse oder Mandeln, gemahlen
100 g Schokostreusel
1 Pck. Backpulver
1 TL Zimt
200 ml Rotwein
350 g Äpfel
Fett für die Form
Semmelbrösel für die Form
Puderzucker

Zubereitung

∞ Die Butter mit dem Zucker und Vanillezucker schaumig rühren. Nach und nach die Eier zugeben und unterrühren.

∞ Das Mehl mit den Nüssen oder Mandeln, den Schokostreuseln, dem Backpulver und Zimt miteinander vermischen und unterrühren. Den Rotwein einrühren und zuletzt die geschälten und fein gewürfelten Äpfel unterheben.

∞ Den Teig in eine gefettete und mit Semmelbrösel ausgestreuten Napfkuchenform füllen.

∞ Im vorgeheizten Backofen bei 180 Grad etwa 60-70 Minuten backen.

∞ Nach dem Abkühlen mit Puderzucker überziehen.

Schwarzwälder Kirschtorte

Zutaten für den Biskuitboden
150 g Kuvertüre, Zartbitter
80 g Butter
7 Eier
200 g Zucker
130 g Mehl
50 g Speisestärke

2 TL Backpulver

Für den Belag
900 g Sauerkirschen aus dem Glas
500 ml Kirschsaft
4 EL Speisestärke
2 EL Zucker
120 ml Kirschwasser
750 ml Sahne
4 Pck. Vanillezucker
16 Kirschen, kandiert
120 g Schokoladenraspel

Zubereitung

∞ Kuvertüre mit Butter im warmen Wasserbad schmelzen. Die Eier trennen. Eiweiß zu steifen Schnee schlagen.
∞ Eigelbe mit Zucker schaumig rühren. Kuvertüre unterrühren. Mehl mit Stärke und Backpulver über den Eischnee sieben und locker unterziehen.
∞ Biskuit in eine mit Backpapier ausgelegte Springform füllen.

∞ Im vorgeheizten Backofen bei 180 Grad ca. 45 Minuten backen und danach auskühlen lassen.

∞ Nach dem Erkalten zweimal waagerecht durchteilen, dazu am Rand waagerecht mit einem Messer ein wenig einschneiden, ein Stück Küchengarn um den Boden legen und über Kreuz herausziehen.

∞ Sauerkirschen durch ein Sieb gießen und vom Saft trennen. Speisestärke mit Zucker vermischen und mit etwas Saft glatt rühren. Den restlichen Saft zum Kochen bringen, die Speisestärke hineingeben und aufkochen lassen.

∞ Die Kirschen hineingeben und etwas abkühlen lassen, mit der Hälfte des Kirschwassers versetzen.

∞ Zwei Böden mit Kirschwasser tränken und jeweils die Hälfte der Kirschmasse darauf verteilen, auskühlen und gelieren lassen.

∞ Sahne mit Vanillezucker steif schlagen. Einen Boden auf eine Tortenplatte legen und mit einem Viertel der steifen Sahne abdecken.

∞ Zweiten Tortenboden obenauf legen und mit dem zweiten Viertel der Schlagsahne bedecken und mit dem letzten Biskuitboden bedecken.

∞ Diesen auch mit Kirschwasser aromatisieren. Die Torte rundherum mit Sahne bestreichen, einen Rest für die Verzierung in eine Spritztüte füllen.

∞ Den Rand und die Oberfläche mit Schokoladenraspel bedecken, Oberfläche außen mit 16 Sahnerosetten verzieren, je eine kandierte Kirsche darauf legen.

Aprikosenkuchen

Zutaten

500 ml Dose Aprikosen
100 g Margarine
100 g Zucker
½ Fläschchen Zitronen-Backaroma
3 Eier
250 g Mehl
2 TL Backpulver
40 g Mandelstifte
Fett für die Form

Zubereitung

∞ Die Aprikosen abtropfen lassen.
∞ Margarine, Zucker, Backaroma und Eier in einer Schüssel schaumig rühren. Mehl und Backpulver hinzufügen und alles zu einem glatten Teig verrühren.
∞ Eine Springform ausfetten und den Teig hineinfüllen. Die Oberfläche glatt streichen.
∞ Die Aprikosen mit der gewölbten Seite nach oben hineindrücken und mit den Mandelstiften bestreuen.
∞ Im vorgeheizten Backofen bei 175 Grad ca. 1 Stunde backen.

Obstkuchenboden

<u>Zutaten</u>
1 Pck. Backpulver
5 Eier
6 EL Mehl
3 EL Öl
1 Pck. Vanillezucker
5 EL Zucker

<u>Zubereitung</u>
- ∞ Alles zusammen in eine Schüssel geben und mit einem Teigschaber gut miteinander verrühren.
- ∞ In eine gefettete Springform füllen und bei 180 Grad ca. 25 Minuten backen.
- ∞ Nach dem Erkalten den Tortenboden mit beliebiger Konfitüre bestreichen und mit geschnittenen Früchten belegen.
- ∞ Damit die Früchte auf der Torte länger frisch bleiben sollten sie noch mit warmen Tortenguss übergossen werden.

Bananen-Nuss-Torte

<u>Zutaten für den Teig</u>
3 Möhren
3 Bananen
2 EL Zitronensaft

180 g Walnüsse
200 g Zucker
200 ml Speiseöl
3 Eier
400 g Weizenmehl
1Pck. Backpulver
1 TL Zimtpulver
Fett für die Form

Für den Überzug
150 g Butter
280 g Speisequark
100 g Puderzucker
1 Pck. Vanillezucker
50 g gehackte Walnüsse

Zubereitung

∞ Backofen auf 180 Grad vorheizen.
∞ Für den Teig Möhren putzen, schälen und fein reiben. Bananen in Stücke schneiden und mit Zitronensaft pürieren.
∞ Nüsse fein hacken. Zucker, Öl und Eier so lange schlagen, bis eine hell-cremige Masse entsteht.
∞ Möhrenraspel, Bananenpüree und gehackte Nüsse unterrühren. Mehl, Backpulver und Zimt mischen und dazugeben.
∞ Teig in eine gefettete Springform füllen, im vorgeheizten Backofen bei 180 Grad ca. 45 Minuten backen und in der Form abkühlen lassen.
∞ Für den Überzug Butter schaumig rühren, nach und nach Quark mit Puder- und Vanillezucker unterrühren und auf dem Kuchen verteilen. Mit Nüssen dekorieren und servieren.

Schoko-Becherkuchen

Zutaten
1 Pck. Backpulver
4 Eier
200 g Mandeln, gemahlen
200 g Mehl
Etwas Öl
250 ml Sahne
150 g Zucker

Zubereitung

- ∞ Mehl mit Backpulver in eine Schüssel geben und gut mischen. Alle Zutaten dazugeben und gut durchrühren.
- ∞ Eine Gugelhupfform ausfetten, mit Semmelmehl ausstreuen und den Teig einfüllen.
- ∞ Im vorgeheizten Backofen bei 180 Grad ca. 45 Minuten backen.
- ∞ Mit Puderzucker Besieben.

Erdbeer-Kuppeltorte

Zutaten
125 g Butter
125 g Zucker
Etwas Bittermandel
4 Eier
150 g Mehl

2 TL Backpulver
1 Prise Salz
100 g gemahlene Mandeln
100 ml Mineralwasser

Zutaten für die Füllung
5 EL Erdbeerkonfitüre
1 kg Vollreife Erdbeeren
500 g Vollmilch Jogurt
350 g Frischkäse
Mark von 1 Vanilleschote
Saft von 1 Zitrone
50 g Puderzucker
10 Blatt weiße Gelatine

Zubereitung

∞ Backofen auf 180 Grad vorheizen.

∞ Weiches Fett mit Zucker und Bittermandelöl cremig rühren, Eier nach und nach zufügen. Mehl, Backpulver, Salz und Mandeln mischen und mit Mineralwasser abwechselnd unterrühren.

∞ Teig in eine mit Backpapier ausgelegten Springform geben und im Backofen bei 180 Grad ca. 45 Minuten backen.

∞ Auf einem Kuchengitter auskühlen lassen und einmal quer durchschneiden. Unteren Boden mit Erdbeerkonfitüre bestreichen.

∞ Erdbeeren waschen und putzen, 1/3 in gleichmäßige Scheiben schneiden, den Rest groß würfeln. Jogurt, Frischkäse, Vanillemark, Zitronensaft und Puderzucker gut verrühren.

∞ Gelatine nach Packungsanweisung einweichen, ausdrücken, auflösen und unterziehen. 2/3 der Masse kühlstellen, den Rest kuppelförmig auf den unteren Boden streichen.

∞ Zweiten Boden bis zur Mitte einschneiden und den Boden leicht auf die Erdbeerfüllung drücken, so dass die Kuppel erhalten bleibt.

∞ Mit restlicher Quarkmasse bestreichen und Erdbeerscheiben dachziegelförmig auflegen.

∞ Nach Wunsch mit gehackten Pistazien verzieren.

Frankfurter Kranz

Zutaten
1 Pck. Backpulver
250 g Butter
50 g Butter für die Form
4 Eier
1 Päckchen Krokant
200 g Mehl
1 EL Rum
1 Prise Salz
1 Pck. Vanillezucker
1 Zitrone
200 g Zucker

Zutaten für die Creme:
200 g Butter
4 Eier
1 Pck. Vanillezucker

200 g Zucker

∞ Butter, Zucker und Vanillezucker cremig rühren. Nach und nach Eier, Salz, Rum, Zitronensaft und etwas abgeriebene Zitronenschale einrühren. Zuletzt das mit Backpulver versiebte Mehl untermischen.

∞ Masse in eine gefettete Kranzform füllen und im vorgeheizten Backofen bei 180 Grad etwa 60 Minuten backen.

∞ Für die Creme Butter, Zucker, Vanillezucker und Eier cremig rühren.

∞ Ausgekühlten Kuchen zweimal durchschneiden, mit Creme bestreichen. Kuchen wieder zusammensetzen und außen mit restlicher Creme bestreichen. Zuletzt noch mit Krokant bestreuen.

Kirschkuchen

Zutaten
50 g Puderzucker
160 g Margarine
300 g Mehl
1 Prise Salz
6 Eier
600 g Sauerkirschen oder Süßkirschen
100 g Haselnüsse, gemahlen
500 g Linsen zum Blindbacken
180 g Zucker

500 g Frischkäse
1 EL Speisestärke
1 Zitrone

Zubereitung

- ∞ Backofen auf 200 Grad vorheizen. Puderzucker, 125 g kalte Margarine, Mehl, Salz und ein Ei zu einem Mürbeteig verkneten und 30 Minuten kalt stellen.
- ∞ Kirschen waschen und entsteinen und in den Haselnüssen wälzen. Teig ausrollen, den Boden einer mit Backpapier ausgelegten Springform damit auslegen. Einen Rand hochziehen und den Boden mehrfach mit einer Gabel einstechen.
- ∞ Mit Backpapier belegen, mit Linsen beschweren und im Backofen bei 200 Grad ca. 15 Minuten blind backen.
- ∞ Boden herausnehmen, Linsen entfernen und den Backofen auf 180 Grad herunterschalten.
- ∞ Restliche Eier trennen, restliche Margarine und 90 g Zucker cremig rühren. Nach und nach erst Eigelbe unterrühren, dann Frischkäse, Speisestärke und Zitronenschale.
- ∞ Eiweiß mit dem restlichen Zucker steif schlagen und unterziehen.
- ∞ Kirschen auf dem Mürbteig verteilen. Masse darüber geben, glatt streichen und weitere ca. 60 Minuten goldbraun backen.

Donauwellen

Zutaten
1 Pck. Backpulver
250 g Butter
200 g Butter, für die Creme
6 Eier
2 EL Kakaopulver
400 g Kirschen
400 g Mehl
1 EL Milch
0,5 Ltr. Milch für die Creme
1 Becher Schokoglasur
1 Pck. Vanillepuddingpulver, für die Creme
1 Pck. Vanillezucker
200 g Zucker
80 g Zucker für die Creme

Zubereitung

∞ Butter, Zucker und Vanillezucker cremig rühren. Nach und nach die Eier einmischen und weiterrühren. Zuletzt das mit Backpulver versiebte Mehl untermischen.

∞ Kirschen in ein Küchensieb leeren und abtropfen lassen.

∞ 2/3 der Masse auf ein mit Backpapier belegtes Blech streichen. Milch und Kakao unter die restliche Masse rühren und diese dann gleichmäßig auf die helle Masse im Blech streichen.

∞ Kirschen darüber verteilen und danach im vorgeheizten Backofen bei 180 Grad etwa 30 Minuten backen.

∞ Für die Creme Butter cremig rühren. Pudding mit Milch und Zucker kochen, auskühlen lassen und dabei öfters umrühren. Kalten Pudding in die Buttercreme rühren und auf den ausgekühlten Kuchen streichen.
∞ Schokoladenglasur erwärmen und auf die Buttercreme streichen.

Königskuchen

<u>Zutaten</u>
100 g Belegkirschen
100 g Rosinen
2 EL Mehl
250 g Butter
250 g Zucker
1 Pck. Vanillezucker
½ Fl. Rum Aroma
½ Fl. Zitronen Backaroma
6 Eier
500 g Mehl
1 Pck. Backpulver
¼ l Milch
Fett für die Form

<u>Zubereitung</u>

∞ Die Belegkirschen fein hacken. Belegkirschen und Rosinen in etwas Mehl wenden und beiseite stellen.
∞ Butter, Zucker, Vanillezucker, Backaromen und Eier mit den Schneebesen schaumig rühren. Mehl Backpulver und Milch unterrühren.

- ∞ Danach die Belegkirschen und die Rosinen darunterheben.
- ∞ Eine Kastenform ausfetten. Den Teig hineinfüllen, Die Oberfläche glatt streichen.
- ∞ Im vorgeheizten Backofen bei 180 Grad ca. 1 Stunde backen.

Kürbiskuchen

Zutaten
1 Pck. Backpulver
5 Eier
500 g Kürbisfleisch
180 g Mandeln, gemahlen
400 g Mehl
170 ml Öl
180 g Schokolade, zartbitter gehackt
1 TL Zimt
270 g Zucker

Zubereitung

- ∞ Kürbisfleisch fein hacken und Schokolade fein raspeln.
- ∞ In einer Schüssel Zucker, Eier und Salz schaumig rühren. Öl und Kürbis unterrühren. Danach Mandeln, Schokolade und Zimt dazu mischen. Zuletzt das mit Backpulver versiebte Mehl unterheben.
- ∞ Masse in eine gefettete Kuchenform füllen und im vorgeheizten Backofen bei 180 Grad ca. 1 Stunde backen.

Mandarinen Käsetorte

<u>Zutaten für den Teig</u>
300 g Mehl
4 EL Zucker
200 g Butter
2 Eier
Fett für die Form

<u>Zutaten für die Füllung</u>
10 EL Kokosraspel
400 g Mandarinen
5 Eier
Saft von 1 Zitrone
750 g Magerquark
200 g Zucker
3 EL Speisestärke
3 EL Zitronen Marmelade

<u>Zubereitung</u>

∞ Backofen auf 180 Grad vorheizen.
∞ Mehl, Zucker, Butter und Eier rasch zu einem glatten Teig verkneten und ca. 60 Minuten kalt stellen.
∞ Teig ausrollen, eine gefettete Springform damit auslegen, einen Rand hochziehen, mit einer Gabel mehrmals einstechen und im Backofen ca. 10 Minuten bei 180 Grad vorbacken.
∞ Für die Füllung 5 EL Kokosraspel in einer Pfanne ohne Fett anrösten.
∞ Mandarinen schälen und in Spalten teilen. Eier trennen, Eiweiß steif schlagen.

∞ Eigelb, Zitronensaft, Quark, Zucker, Speisestärke und geröstete Kokosraspel verrühren. Eischnee vorsichtig unterheben.
∞ Auf dem Teigboden drei Esslöffel Quarkmasse verteilen, Mandarinen auflegen, mit der restlichen Quarkmasse bestreichen und im Backofen ca. 60 Minuten backen.
∞ Noch warm mit Zitronenmarmelade bestreichen, abkühlen lassen und mit den restlichen Kokosraspeln bestreuen.

Dresdner Eierschecke

Zutaten für den Teig
1 Pck. Backpulver
2 Eier
230 g Mehl
1 EL Rosinen
50 g Zucker
Fett für die Form

Zutaten für den Belag
100 g Butter
4 Eier
75 g Zucker

Zutaten für die Quarkfüllung
50 g Butter
1 Ei
½ Ltr. Milch

1 Pck. Puddingpulver, Vanille
500 g Quark
100 g Zucker

<u>Zubereitung</u>

∞ Mehl, Backpulver, Butter, Zucker und Eier vermengen
und zu einem Teig verarbeiten. Diesen auf einer
bemehlten Arbeitsfläche ausrollen und in eine
gefettete Springform legen.

∞ Vanillepudding kochen, jedoch ohne Zucker, dann
etwas abkühlen lassen.

∞ Für die Füllung in einer Schüssel Butter, Zucker, Ei,
Quark und die Rosinen vermischen. Halbe
Puddingmasse unterrühren und auf den Teig
streichen.

∞ Für den Belag in einer Schüssel Butter und Zucker
cremig rühren, Eigelb untermischen und schaumig
schlagen. Restliche Puddingmasse untermischen und
steif geschlagenes Eiweiß unterheben. Diese Masse
auf der Quarkschicht verteilen.

∞ Kuchen im vorgeheizten Backofen bei 190 Grad etwa
60 Minuten backen.

Zuckerkuchen

<u>Zutaten für den Teig</u>
1 Pck. Backpulver
2 Tassen Buttermilch
4 Eier
5 Tassen Mehl

2 Tassen Zucker

<u>Zutaten für den Belag</u>
200 g Butter
2 Tassen Kokosraspel
50 g Zucker

<u>Zubereitung</u>

∞ In einer Rührschüssel Zucker und Eier schaumig schlagen. Danach die Buttermilch einrühren und zuletzt das mit Backpulver versiebte Mehl unterheben.

∞ Masse in ein mit Backpapier belegtes Blech füllen und darüber 1 Tasse Kokosraspel streuen.

∞ Restliche Kokosraspel mit Zucker vermengen und über die bereits verstreuten Kokosraspel verteilen.

∞ Kuchen im vorgeheizten Backofen bei 180 Grad etwa 20 Minuten backen. Anschließend geschmolzene Butter über den noch heißen Kuchen mit einem Löffel verteilen.

Rhabarberkuchen mit Vanillepudding und Baiser

<u>Zutaten</u>

350 g Mehl
100 g Zucker
130 g Butter
6 Eier, (davon das Eigelb)
1 Pck. Backpulver

1 kg Rhabarber
1 Pck. Vanillepuddingpulver
½ Ltr. Milch
150 g Zucker
6 Eier (davon das Eiweiß)

<u>Zubereitung</u>

- ∞ Butter und 100 g Zucker schaumig rühren, Eigelb zu geben. Mehl und Backpulver mischen und zu der Masse geben. Durchkneten.
- ∞ Den Knetteig auf eine Springform geben, Rand hochziehen. Mit einer Gabel einstechen.
- ∞ Rhabarber häuten und klein schneiden. Vanillepuddingpulver mit Milch wie gewohnt kochen. Fertigen Pudding mit Rhabarber mischen und auf den ausgelegten Teig geben.
- ∞ Bei 160 Grad ca. 55 Minuten backen.
- ∞ Eiweiß schaumig schlagen und mit Zucker mischen. Den Baiser auf den heißen Kuchen geben und nochmals 15 Minuten backen.

Quark Christstollen

<u>Zutaten</u>

400 g Weizenmehl
1 Pck. Backpulver
500 g Quark
150 g Früchte Müsli
½ TL Salz

50 g Butter
Etwas abgeriebene Zitronenschale
100 g Zucker
80 g Orangeat
4 EL Rosinen
1 Pck. Vanillezucker

Für die Zuckerkruste

5 EL Puderzucker
1 EL Vanillezucker
3 EL zerlassene Butter

Zubereitung

- ∞ Mehl und Backpulver mischen, auf eine Arbeitsfläche geben und in der Mitte eine Vertiefung bilden.
- ∞ Quark abtropfen lassen, zusammen mit den übrigen Teigzutaten in die Vertiefung geben und von außen nach innen zu einem geschmeidigen Teig verkneten.
- ∞ Backofen auf 150 Grad vorheizen.
- ∞ Teig oval ausrollen und zu einem Stollen zusammenklappen. Auf einem mit Backpapier ausgelegten Backblech ca. 70-80 Minuten bei 150 Grad backen.
- ∞ Für die Zuckerkruste Puderzucker und Vanillezucker mischen und den noch warmen Stollen mehrmals abwechselnd mit der zerlassenen Butter und der Zuckermischung einstreichen.
- ∞ Den Christstollen mit Puderzucker bestreuen.

Salzburger Nockerl

Zutaten

8 Eiweiß
150 g Zucker
1 TL Vanillezucker
3 Eigelb
etwas abgerieben Zitronenschale
50 g Mehl
Butter für die Form
Mehl für die Form
2 EL Puderzucker
1 EL Preiselbeermarmelade
1/8 Ltr. Milch

Zubereitung

∞ Backofen auf 200 Grad vorheizen.
∞ Eiklar sehr steif schlagen, nach und nach Zucker und Vanillezucker dazu mischen. Eidotter und Zitronenschale gut verrühren und vorsichtig unter den Eischnee mischen.
∞ Mehlvorsichtig unterheben.
∞ Ovale Auflaufform mit Butter bestreichen, etwas Marmelade und Milch hineingeben und verquirlen. Den Eischnee in Nockerlform und 3 Nockerl hintereinander setzen.
∞ Im vorgeheiztem Backofen 10-12 Minuten goldbraun backen und sofort mit Staubzucker bestreuen.

Schoko Gugelhupf Kuchen

Zutaten
100 g Zartbitter Kuvertüre
6 Eier
100 g Butter
100 g Zucker
100 g gemahlene Mandeln
50 g Paniermehl
200 g Schlagsahne
1 Päckchen Vanillin Zucker
Fett und Zucker für die Form

Zubereitung

- ∞ Eine Gugelhupf Backform gut fetten und mit Zucker ausstreuen. Kuvertüre grob hacken und über dem heißem Wasserbad unter Rühren schmelzen. Ca. 10 Minuten abkühlen lassen. Eier trennen.
- ∞ Eigelb, Butter und 50 g Zucker ca. 5 Minuten cremig rühren. Flüssige Kuvertüre unter Rühren langsam zugießen. Eiweiße in 2 Portionen steif schlagen, dabei nach und nach 50 g Zucker einrieseln. Mandeln und Paniermehl mischen.
- ∞ Erst Mandeln, dann Eischnee unter die Schokomasse heben. Masse in die Form füllen, verschließen. Form in einen ofenfesten Topf stellen und auf den Backofenrost setzen. Heißes Wasser bis gut 2 cm unter den Formrand in den Topf gießen.
- ∞ Im heißen Ofen bei 200 Grad ca. 1 Stunde garen. Pudding in der Form ca. 10 Minuten abkühlen lassen. Vorsichtig stürzen. Sahne und Vanillin Zucker leicht schlagen. Über dem Schokohupf verteilen.

Spinat-Blätterteigkuchen *Gemüsekuchen*

<u>Zutaten für 4 Portionen</u>

300 g Vollkornblätterteig

700 g Spinat

100 g Sahneroquefort

50 g Mehl

2 Lauchzwiebeln

3 Eier

1 Knoblauchzehe

150 g Magerjogurt

50 g geriebenen Käse

Salz

Pfeffer

Muskat

<u>Zubereitung</u>

∞ Der Blätterteig wird in einer Springform ausgelegt. Es sollte ein 2 cm hoher Rand entstehen.

∞ Der Jogurt wird mit dem Mehl und Salz, Pfeffer und Muskat vermengt. Der Knoblauch wird gehackt, die Zwiebeln werden geschnitten mitsamt dem Grün. Der Roquefort wird zerdrückt und der Spinat grob geschnitten.

∞ Nun wird eine Mischung hergestellt aus dem Jogurt, dem Roquefort, den Eiern, Knoblauch, Zwiebeln und Spinat.
∞ Diese Mischung wird nun auf dem Teig verteilt und darüber wird der geriebene Käse gestreut.
∞ Jetzt in den Ofen bei 220 Grad für 50 Minuten.

Kirsch-Pfannkuchen

Zutaten

1 Glas Sauerkirschen

90 g Mehl

2 Eier

80 g Zucker

250 ml Milch

60 g Creme fraiche

60 g Butter

Puderzucker

Zubereitung

∞ Kirschen gut abtropfen lassen.
∞ Mehl in eine Schüssel sieben und mit den Eiern zu einem glatten Teig verrühren.
∞ Butter zerlassen und mit den anderen Zutaten unter den Teig rühren.

∞ Die Hälfte von dem teig in eine gefettete Form gießen, Kirschen darauf verteilen, Rest Teig über die Kirschen gießen.

∞ Im Backofen bei 175 Grad Umluft ca. 30 – 40 Minuten backen.

∞ Den lauwarmen Kuchen mit Puderzucker bestäuben und servieren.

Mohn Gugelhupf

Zutaten für den Teig

300 g Butter

170 g Zucker

1 Vanillezucker

1 Prise Salz

3 Eier

1 Pck. Vanille-Puddingpulver

8 EL Milch

400 g Mehl

1 Pck. Backpulver

Zutaten für die Füllung

¼ Ltr. Milch

1 Pck. Vanille-Puddingpulver

120 g Zucker

200 g gem. Mohn

2 Eier

Zubereitung

- ∞ Für die Füllung Milch, Zucker und Vanille-Puddingpulver verrühren, dann den Mohn zugeben.
- ∞ Unter Rühren aufkochen lassen. Unter die gut abgekühlte Masse die Eier rühren.
- ∞ Butter, Zucker, Vanillezucker und Salz schaumig rühren. Nach und nach die Eier zugeben, Puddingpulver mit der Milch verrühren und zum Teig geben. Mehl und Backpulver mischen und unterrühren.
- ∞ Die Hälfte vom Teig in eine gefettete und mit Paniermehl ausgestreute Backform geben. Darauf die Mohnmasse verteilen und zum Schluss den restlichen Teig.
- ∞ Mit einer Gabel spiralförmig durch die drei Teigschichten ziehen.
- ∞ Im vorgeheizten Backofen bei 170 Grad Ober- und Unterhitze, zweite Schiene von unten 60 Minuten backen.

Honigkuchen

Zutaten für den Vorteig

250 g Honig

200 g Zucker

65 g Butter

125 ml Malzbier

Zutaten für den Teig

1 Ei

½ TL Kardamom

½ TL Nelken

1 TL Zimt

1 Fläschchen Rum-Aroma

6 Tropfen Backöl Zitrone

3 Tropfen Bittermandel-Aroma

500 g Weizenmehl

1 Pck. Backpulver

Zutaten für den Guss

150 g Puderzucker

3 EL heißes Wasser

Zubereitung

∞ Die Zutaten für den Vorteig langsam erwärmen, zerlassen, in eine Rührschüssel geben und kalt stellen.

∞ Unter die fast erkaltete Masse, alle Zutaten, bis auf das Mehl und Backpulver, rühren.

∞ Mehl und Backpulver mischen, sieben esslöffelweise unterrühren.

∞ Den Teig auf ein gefettetes Backblech streichen.

∞ Einen mehrfach umgeknickten, gefetteten Streifen Alufolie vor den Teig legen.

∞ Bei ca. 175 Grad etwa 25 Minuten backen.

∞ Puderzucker sieben, mit dem Wasser vorsichtig verrühren, sodass eine dickflüssige Masse entsteht.

∞ Den Kuchen sofort nach dem Backen mit dem Guss bestreichen und in 5x6 cm große Stücke schneiden.

Stachelbeer-Streuselkuchen

Zutaten

250 g Mehl

250 g Zucker

Etwas Vanillezucker

150 g Butter

Für den Belag

1 Glas Stachelbeeren

250 g Magerquark

1 Ei

50 g Zucker

3 EL Sahne

1 Bio Zitrone

20 g Vanille-Puddingpulver

100 g Puderzucker

Zubereitung

∞ Stachelbeeren in einem Sieb abtropfen lassen.
∞ Mehl, Zucker, Vanillezucker und warme Butter mischen. Mit dem Knethaken zu Streuseln verarbeiten.
∞ Quark, Sahne, Ei, Zucker und Zitronenschale sehr cremig rühren. Zum Schluss Puddingpulver unterrühren.
∞ 2/3 der Streusel auf den Boden einer gefetteten Springform andrücken.
∞ Quarkcreme auf den Teigboden geben und die abgetropften Stachelbeeren darauf verteilen. Zum Schluss die restlichen Streusel gleichmäßig darüber krümeln. Im Backofen bei ca. 180 Grad Umluft 40 Minuten backen. Kuchen auskühlen lassen.
∞ Puderzucker sieben, mit etwas Zitronensaft zu einem dickflüssigen Guss verrühren. Den Kuchenrand damit bestreichen und den restlichen Guss auf den Kuchen verteilen.

Kuchen Apfeltraum

Zutaten

6-8 Äpfel

4 Becher Schmand

2 EL Zucker

3 Päckchen Vanillinzucker

3 Eier

2 Päckchen Vanillepuddingpulver

etwas Zimt

3-4 EL gehobelte Mandeln

Für die Streusel

300 g Mehl

150 g Zucker

1 Päckchen Vanillinzucker

200 g Butter

Zubereitung

∞ Schmand, Zucker, Vanillinzucker, Eier und das Puddingpulver in eine hohe Rührschüssel geben und mit dem Mixer zu einer glatten Masse verrühren.

∞ Die Zutaten für die Streusel werden mit dem Knethaken zu einer krümeligen Masse verrührt.

∞ Die Äpfel schälen, entkernen und vierteln. Anschließend in Spalten schneiden.

∞ Mit den Apfelspalten den Boden einer Auflaufform dicht belegen, ruhig die Äpfel etwas übereinander schichten, damit eine dicke Apfelunterlage entsteht.

∞ Die Äpfel mit den gehobelten Mandeln und mit etwas Zimt bestreuen.

∞ Das Ganze gleichmäßig mit der Schmandmasse bedecken und darauf die Streusel verteilen.

∞ Den Apfeltraum 30 Minuten bei 150 − 175 Grad backen, bis die Streusel darauf leicht gebräunt aussehen.

Schneewittchen Torte

Zutaten

100 g Margarine

150 g Zucker

1 Vanillinzucker

3 Eier

200 g Mehl

2 TL Backpulver

60 ml Milch

2 EL Kakao

1 Glas Sauerkirschen

Füllung

250 g Quark

1 Becher Sahne

2 Sahnesteif

1 Vanillinzucker

1 roter Tortenguss

Zubereitung

∞ Aus Margarine, Zucker, Vanillinzucker, Eier, Mehl, Backpulver und Milch einen Rührteig herstellen.
∞ Die Hälfte von dem teig ein eine gefettete Springform streichen. Kakao unter die andere Hälfte rühren und dann auf den hellen Teig verteilen.
∞ Gut abgetropfte Kirschen auf den Teig verteilen und dabei etwas andrücken.
∞ Mit Umluft bei 175 Grad ca. 45 Minuten backen.
∞ Kuchen vollständig abkühlen lassen.
∞ Für die Füllung die Sahne mit Sahnesteif und Vanillinzucker steif schlagen. Quark cremig rühren, Sahne vorsichtig unterheben, die Creme auf den erkalteten Tortenboden streichen.
∞ Den Tortenguss mit Kirschsaft nach Anweisung kochen, zügig auf die Quarkcreme geben.

Kirsch–Schmand-Torte

Zutaten

200 g Mehl

60 g Zucker

70 g Margarine

2 TL Backpulver

1 Ei

½ Ltr. Milch

1 Puddingpulver, Vanille

5 EL Zucker

2 Becher Schmand

1 Glas Sauerkirschen

1 Päckchen roter Sauerkirschen

Zubereitung

∞ Aus Mehl, Zucker, Margarine, Backpulver und dem Ei einen Krümelteig herstellen. Eine gefettete Springform damit auskleiden, dabei einen Rand hochziehen.
∞ Den Pudding kochen, beim Abkühlen darauf achten, dass sich keine Haut bildet.
∞ 2 Becher Schmand unter den Pudding rühren und die Masse auf den Teig geben.
∞ Die abgetropften Kirschen auf die Creme verteilen.
∞ 1 Stunde bei 150 Grad backen.

∞ In der Form erkalten lassen. Den Tortenguss kochen und den Kuchen damit überziehen.

∞ Nach dem Backen ist die Schmandmasse noch sehr weich, Form erst lösen wenn die Torte vollständig kalt ist.

Käsekuchen mit Orange

<u>Zutaten</u>

5 Orangen

6 EL Hartweizen Grieß

750 g Magerquark

120 g Butter

130 g Zucker

1 TL abgeriebene Zitronenschale

3 Eier

1 Packung Backpulver

1 Vanilleschote

4 kleingehackte Pistazien

<u>Zubereitung</u>

∞ Eine runde Kuchenform mit etwas Butter einfetten und mit 2 EL Hartweizengrieß bestreuen.

∞ Butter, Zucker und abgeriebene Zitronenschale mit dem Handrührgerät zu einer cremigen Masse verrühren.

∞ Nach und nach die Eier, den Magerquark, 4 EL Hartweizengrieß, Backpulver, das Mark einer Vanilleschote und den Saft einer Orange unterrühren.

∞ Die Masse in der Kuchenform verteilen. Die restlichen fünf Orangen schälen und die Stücke auf dem teig verteilen.

∞ Im vorgeheizten Ofen bei 180 Grad Umluft 30 Minuten backen.

∞ Nach dem Abkühlen mit dem kleingehackten Pistazien verzieren.

Notizen

Herstellung und Verlag:
BoD-Books on Demand, Norderstedt
ISBN: 978-3-7386-0105-3